Hijos seguros en el mundo actual

María Rosas

Australia • Brazil • Japan • Korea • Mexico • Singapore • Spain • United Kingdom • United States

Hijos seguros en el mundo actual
María Rosas

Presidente de Cengage Learning Latinoamérica:
Javier Arellano Gutiérrez

Director editorial Latinoamérica:
José Tomás Pérez Bonilla

Director de producción:
Raúl D. Zendejas Espejel

Editora:
Paola Martín Moreno R.

Editora de producción:
Gloria Luz Olguín Sarmiento

Diseño de portada:
Gerardo Larios García

Imagen de portada:
www.dreamstime.com
www.stock.fotobanki.pl (Pershing)

Composición tipográfica:
Silvia Plata Garibo
Gerardo Larios García

Datos para catalogación bibliográfica
Rosas, María
Hijos seguros en el mundo actual
ISBN-13: 978-970-830-072-8
ISBN-10: 970-830-072-1

Visite nuestro sitio en:
http://latinoamerica.cengage.com

Impreso en Cosegraf; nov. del 2008

Progreso No. 10 Col. Centro
Ixtapaluca Edo. De México

Impreso y hecho en México
1 2 3 4 5 6 7 11 10 09 08

Dedicatoria

A los padres angustiados por todo lo que tienen y tendrán que enfrentar sus hijos: la influencia de la televisión, Internet, la inseguridad, las drogas, los embarazos adolescentes. Pensemos, sin embargo, que también nosotros tuvimos que lidiar con situaciones que se salían del control de nuestros padres y recordemos que sólo dotándolos con fuertes dosis de autoestima y seguridad podrán enfrentarse a este mundo tan agitado que les ha tocado vivir.

Contenido

Contenido

Presentación de la colección Aprender para crecer

Recuerdo con claridad cuando me dispuse a plasmar en papel todo cuanto sabía o creía saber acerca de la formación y educación de los hijos. Los míos, para empezar, como base exploratoria, sin duda constituirían una historia ejemplar. Y por qué no, si palpaba cotidianamente las esencias más puras referentes a los temas que nos conciernen a la mayoría de los padres; si había vivido y continuaba experimentando en todo su esplendor y dolor los matices de la maternidad, si reconocía en la imagen que devuelve el espejo a una mujer entregada a la superación y felicidad de sus hijos. No estaba del todo errada, sin embargo, al exhalar sobre el respaldo de mi silla cómplice y después de meses de no estirar las piernas, comprendí que los hilos de mi narrativa habían creado un tejido indestructible entre mis sentimientos y mi realidad como madre. Fue al leer, preguntar, acomodar, suprimir y reconocer que advertí la inmensidad del entendimiento: son los niños quienes nos cargan de energía para llevarlos y traerlos; son los niños los que proyectan metas personales al descubrir el mundo a través de nuestros pasos; son ellos quienes nos abrazan en las noches más confusas y solitarias, son nuestros hijos los que trazan con envidiable precisión el compás de la unión familiar. Cierto es que como padres nos graduamos a la par de ellos, también lo es que el manual de convivencia, desarrollo y armonía lo redactamos juntos, como núcleo. Comparto entonces, esta colección, Aprender para crecer, a todos aquellos padres que dividen sus horarios entre visitas al pediatra y partidos de futbol, también a todas las madres que comprenden de desvelos y zurcidos invisibles —los del alma incluidos—. Este compendio de experiencias, testimonios, confesiones y recomendaciones enaltece las voces de especialistas, cuidadores, profesores, madres y padres que provienen curiosamente de diversos caminos, pero que y porque la vida la trazamos así, se han detenido entre cruces y por debajo de puentes a tomar un respiro y tenderse la mano. Que sea ese el propósito de nuestra paternidad: sujetar con disciplina, amor, diversión, cautela y libertad las manos de nuestros hijos y que permitamos que continúen impulsándonos a ser no sólo mejores ejemplos, también sólidos y eternos encuentros.

Hijos seguros en el mundo actual no suena tan descabellado, a mi parecer. Estoy, o al menos creo estar, al tanto de algunas de las últimas novedades, lanzamientos, estilos y modas, curiosidades, a los que están expuestos los niños y por ende, interesados también. Sin embargo, no dejará de sorprenderme el mundo tan agitado, contradictorio, peligroso, contrastante en el que están desenvolviéndose nuestros hijos. Debemos estar alertas y ser realistas.

Introducción

¿*N*uestros hijos pueden estar seguros en un mundo gobernado por el caos económico y social, el exceso de información amarillista, las guerras, las enfermedades y la hambruna? No podemos saberlo, pero lo que como padres de familia debemos hacer es armarlos emocionalmente para que enfrenten de la manera menos difícil posible, la situación de crisis por la que atraviesan la sociedad y la familia misma. Es válido que nos preguntaremos cómo. Hablando con ellos francamente y, sobre todo, fortaleciendo su autoimagen, enseñándoles la importancia que tienen los valores como el respeto, la solidaridad, la tolerancia, la honestidad y algunos más prácticos como la planeación económica y el ahorro.

También es importante explicarles todo aquello relacionado con la sexualidad y lo que como padres de estas nuevas generaciones nos preocupa: embarazos adolescentes, enfermedades de transmisión sexual y el sida. Hay que enseñar a nuestros hijos que deben cuidar su cuerpo y su salud.

Los niños de hoy necesitan contar con herramientas suficientes para salir adelante y de manera inteligente en el mundo que les ha tocado vivir: cambios en la vieja concepción de la familia, divorcios, separaciones y otros delicados asuntos que nos traen a todos de cabeza: el abuso sexual, la pornografía infantil y la pederastia.

En este libro se abordan todos esos problemas y se sugieren formas de evitar que nuestros hijos sean víctimas de los pederastas.

Un divorcio provoca daño inevitable a los niños, ¿qué hacer para que éste sea lo menos traumático y doloroso posible?

La seguridad emocional es fundamental para el bienestar de nuestros hijos, y su seguridad física es un aspecto igualmente importante en el que está su vida de por medio. ¿Cómo organizar una casa que evite accidentes infantiles? ¿Qué cuidados hay que tener? ¿Cuáles son las restricciones?

Aunque nos moleste aceptarlo, es crucial hablar con nuestros hijos de todas las precauciones que deben tener al andar en la calle, las razones por las que no deben hablar con extraños. Más vale prevenir que arrepentirnos por no haber tomado suficientes precauciones en materia de abuso o robo infantil.

En este tomo se exponen todos estos temas que nos preocupan pero que de ninguna manera deben paralizarnos. Prevenir, estar alertas y hablar con nuestros hijos son las únicas posibilidades que tenemos para no ser víctimas de alguna situación física o emocional desagradable. Cerciorémonos de que nuestros hijos estarán seguros en este mundo inseguro.

Capítulo uno

La seguridad emocional de nuestros hijos

*C*omo padres de familia, una de nuestras mayores preocupaciones es la seguridad física de nuestros hijos: que estén bien; que nada o nadie les haga daño; que no se vayan a quemar; cuando empiezan a caminar nos atemoriza que se caigan y se lastimen; les pedimos que anden con cuidado en bicicleta; evitamos dejarlos solos un minuto por miedo a que los secuestren. En fin, queremos lo mejor para ellos. De hecho, si les pudiéramos evitar cualquier daño físico, estoy segura de que todos nosotros, incluso, daríamos la vida por ellos. Pero, ¿alguna vez hemos pensado en su seguridad emocional? La damos por sentada, ¿verdad? Creemos que los niños por el simple hecho de tener una casa, comida, escuela, a papá y a mamá, están suficientemente seguros. En buena medida eso es cierto, pero tenemos también la obligación de reforzarlos y animarlos todo el tiempo si queremos que sean niños verdaderamente seguros. Si podemos impedir que les caiga encima una taza con café caliente y les queme el brazo, también podemos evitar que se sientan inseguros o temerosos si van a entrar a una nueva escuela o si no resultaron ser los mejores nadadores de su equipo. "¿Cómo podemos hacer eso?", probablemente nos hemos preguntado muchas veces. La respuesta es simple, forjando su autoestima. Palabra que hemos escuchado y leído en infinidad de ocasiones, y que encierra, en sus 10 letras, la enorme posibilidad de que nuestros hijos crezcan seguros de ellos mismos, confiados, responsables y cuidadosos con sus propias vidas.

> *La mejor herencia que los padres les pueden dar a sus hijos es enseñarles que se quieran a sí mismos, aunque esto los niños lo logran observando a sus principales y más importantes modelos. Por todo esto, los padres tenemos que revisar de una manera honesta nuestra conducta y saber si somos congruentes y consistentes y, sobre todo, qué tan afectivos somos en la forma de relacionarnos con nuestros hijos.*
>
> Delgado

¿Qué es la autoestima? Es la manera en la que nos consideramos a nosotros mismos; es el juicio personal de nuestro valor y se basa en todos los pensamientos, sentimientos, sensaciones y experiencias que hemos acumulado durante la vida. Así, si siendo pequeños nuestros padres nos hicieron sentir personas valiosas, seremos adultos con una imagen positiva acerca de nosotros mismos; pero si fuimos blanco de críticas, regaños y burlas, lo más seguro es que seamos adultos temerosos e inseguros.

La autoestima es la herramienta más importante con la que debemos dotar a nuestros hijos, pero junto a ella, también tenemos que ofrecerles un conjunto de valores que los protejan para enfrentar este mundo que les está tocando vivir.

> Si desde pequeños nuestros padres nos hicieron
> sentir personas valiosas, seremos adultos con una
> imagen positiva acerca de nosotros mismos

Silvia Verástegui, mamá de Patricio y Emiliano —de 10 y siete años—, afirma que la serenidad de la madre es el punto de partida para que un niño se sienta seguro en el mundo.

"Por ejemplo, si yo me pongo tensa cada vez que cargo, baño o doy de comer a mis hijos, sobre todo cuando los niños son más pequeños, ellos sentirán que el mundo es un lugar inseguro y que por esa razón yo me pongo tan nerviosa al atenderlos", afirma.

De acuerdo con los especialistas en psicología infantil, la seguridad emocional de un niño es una especie de antídoto en contra de un crecimiento neurótico y distorsionado. Nadie quiere que su hijo crezca inseguro, pero tampoco existen los padres perfectos; si le otorgamos su verdadera dimensión a lo cerrado que puede resultar el núcleo familiar, ningún niño florecerá sin una que otra hoja seca o marchita. Lo importante, para continuar con la metáfora, es que la tierra esté bien abonada y el árbol cuidado se pode y se riegue adecuadamente. Así es la familia para un niño. Los papás no somos manojo de virtudes que nunca se enojan, gritan, regañan y explotan lastimando la autoestima del pequeño. Sin embargo, lo que ayuda a los niños a superar los momentos en que sus padres se convierten en unos enojados monstruos de la laguna verde, es el hecho de vivir en un ambiente que generalmente es seguro, amable, cálido, protector; un ambiente en el que los padres también pueden manifestar sus sentimientos siempre y cuando éstos no ofendan a los chicos. A un niño le da mayor seguridad saber que tiene un papá o una mamá de carne y hueso que un par de robots perfectos que nunca se equivocan.

En su libro *El niño feliz*, Dorothy Corkille afirma que todos los niños necesitan poseer la segura convicción de que pueden creer en lo que sus padres les dicen, y que pueden depender de ellos ya que les brindarán ayuda amistosa para la solución de sus problemas y la satisfacción de sus necesidades físicas y emocionales. Un nivel alto de autoestima implica quererse, admirarse y respetarse. Se puede decir que esto es la clave para tener la suficiente seguridad en uno mismo, establecer relaciones gratificantes y positivas con los demás, enfrentar con optimismo las adversidades, arriesgarnos a luchar por lo que queremos y desarrollar nuestras propias capacidades.

El niño con autoestima positiva, además de ser un individuo seguro, es capaz de valorar sus logros y los de los demás, expresar adecuadamente sus emociones, estar abierto a recibir el afecto de quienes le rodean y confiar en sus capacidades.

En el mundo marcha una revolución tecnológica que modifica tanto a las sociedades como a las culturas, hoy ya se habla de la sociedad del conocimiento y de la cultura de los medios de comunicación. Sin embargo, el ritmo tecnológico no va acompañado de la correspondiente madurez humana y en este desequilibrio se generan profundos problemas sociales.

BARBOZA

La autoestima negativa nos hace sentir incapaces e inadecuados, además de que nos lleva a actuar de manera insegura y dependiente de la opinión y aprobación de los demás.

Muchas de nosotras habremos escuchado o nos hemos preguntado para qué tener hijos si el mundo está de cabeza: "Traerlos a sufrir por la hambruna, las guerras, las armas químicas, la inseguridad: no, gracias". Pensar así tiene como resultado la formación de niños inseguros y miedosos. Mejor esforcémonos por hacerlos personas capaces de enfrentar todos los retos que les presenta el siglo XXI, así como candidatos ideales para convertir el mundo en un lugar mejor para sus propios hijos. Démosles seguridad en este mundo tan inseguro.

Ciertamente, a nuestros hijos no les tocó el mejor momento de la humanidad, pero tampoco a nosotros cuando éramos niños. He escuchado cientos de veces el argumento de que nosotros nos desarrollamos mejor porque jugábamos y crecimos, de hecho, en la calle. También que la situación no era tan peligrosa, mientras que ahora nuestros hijos difícilmente conocen un parque. Todo eso es cierto, pero también lo es que antes no contábamos con todas las actividades extraescolares con que hoy cuentan los niños. Ni siquiera nos imaginábamos crecer formando parte del maravilloso mundo de las nuevas tecnologías como son las computadoras, Internet, los juegos interactivos y un sinfín de aditamentos más.

No podemos decir que el ayer era mejor. Antes la gente moría más joven y no había todos los avances que hoy existen en torno a la neurofisiología o al propio desarrollo infantil y que permiten mejorar la calidad de vida humana. De igual manera, ha sido posible incrementar el número de años de la esperanza de vida de los mortales.

Todos los avances en la medicina, la pedagogía y la psicología infantil nos han enseñado que para que un niño crezca seguro y sano emocionalmente es necesario fomentar en él aceptación, confianza y seguridad.

Los valores, las reglas y los ritos familiares están al servicio de la estabilidad familiar, funcionan como sello de identidad para las distintas familias, están al servicio del sentido de pertenencia.

LUJÁN

Los expertos aseguran que el amor propio empieza a formarse en los primeros años de vida por medio de las relaciones con la fami-

> De acuerdo con psicólogos infantiles, la seguridad
> emocional de un niño es una especie de antídoto
> en contra de un crecimiento neurótico y
> distorsionado

lia, los amigos y en la escuela. Durante la etapa de la adolescencia se reafirma y en la edad adulta los éxitos y fracasos continúan repercutiendo en la manera de autoevaluarnos.

Nora Vázquez, psicopedagoga, asegura que "el niño se ve a sí mismo como los mayores le dicen que es, y por ello los comentarios de los padres le afectan tanto. La actitud que éstos adopten frente a sus hijos es primordial, ya que determina en gran parte el grado de autoestima que tendrá el pequeño".

Flor Suárez, mamá de Laura, Carolina y Daniel —de 11, nueve y siete años— afirma que cuando ella era pequeña recuerda haber sido temerosa, asustadiza y con una imagen de sí misma de niña frágil e insegura. Afirma también que eso se debió a que padeció una enfermedad que convirtió a sus padres en seres aprehensivos y sobreprotectores.

"Ellos tenían un concepto de mí en términos de 'ay, nuestra pobre hija', y lejos de ayudarme a fortalecer mi autoestima me la debilitaron", afirma.

Todo lo que como padres hacemos o decimos de nuestros hijos influye en el concepto que ellos se forman de sí mismos. Por eso, para estimular la autoestima en los niños, los psicólogos infantiles recomiendan fortalecer tres áreas:

1. La formación de la identidad: los niños aprenden a respetarse y quererse cuando los demás —especialmente sus padres— los hacemos sentir importantes.

   Cuando los niños ven de forma positiva e importante sus características y en general su personalidad, empiezan a aprender la forma de perfeccionar significativamente sus habilidades.

Mi hija Lucía, por ejemplo, tiene una cualidad nata para escribir cuentos. Su imaginación es fantástica, siempre busca que las palabras rimen y ha aprendido a usar metáforas. Yo ya me había dado cuenta, pero desde que su maestra de Español inscribió un cuento de la niña en un concurso, ha hecho todo lo imaginable por escribir historias. Sabe que tiene potencial y lo trabaja. De hecho, cuando alguien le pregunta que cómo se autodefine, lo primero que dice es: "Alguien a quien le gusta mucho escribir". No sé si esto tenga que ver con lo que recomiendan los psicólogos infantiles respecto a la formación de la identidad infantil, pero yo veo que mi hija se siente muy orgullosa de ese rasgo de su personalidad.

Una parte importante en la formación de la identidad del niño es el conocimiento de su propio cuerpo, el reconocimiento de las similitudes y diferencias que tiene respecto a los otros niños. Hay que ayudar a nuestros hijos a valorar sus propias características físicas y explicarles algunas de las razones por las que las personas son distintas. Esto los hará tolerantes, y la tolerancia es un valor de convivencia muy importante. Eso, además, los ayudará a sentirse seguros al aceptar que existe la diversidad de razas, rasgos físicos, etcétera. La tolerancia a la diversidad nos ayuda a sentir que somos únicos e irrepetibles y que las demás personas son distintas a nosotros pero que también son únicas. Un niño que pueda sentir eso, tendría que estar muy orgulloso de las herramientas con las que sus padres lo lanzaron al mundo.

Otro aspecto importante para que el chico tenga muy clara su identidad es que le ayudemos a identificar sus fortalezas y sus debilidades. Si como adultos nos da seguridad saber qué es lo que podemos hacer y cuáles son nuestros puntos frágiles, pensemos en lo importante que es para un niño reforzarle todo aquello que hace bien y ayudarle a mejorar lo que más trabajo le cuesta.

"Éste puede parecer un ejemplo muy simple. Mi hija Amalia es muy amable. Ésa es una de sus fortalezas. Yo le ayudo a reforzarla y le digo que la gente se siente muy halagada cuando ella es amable. Especialmente con quienes nos visitan o nos llaman por teléfono", comenta Dunia Salazar.

2. El sentido de pertenencia es otra área que, según los especialistas, contribuye a fortalecer la autoestima del niño.

Qué importante es, hasta para los adultos, saber quiénes son los miembros de su familia directa, ¿o no? Hay que enseñarle al pequeño a identificar a los miembros de la parentela (tíos, abuelos, primos, etcétera) y sentirse amado y respetado por ellos.

Hay que reforzar en el chico su sentido de pertenencia y decirle lo importante que es él para la familia y lo orgullosos que se sienten todos de tenerlo como miembro. Lo mismo se debe hacer con los amigos y compañeros de la escuela. Saber que pertenecemos a un grupo nos hace sentir profundamente seguros.

3. La capacidad para influir en las situaciones es un punto que promueve la seguridad en las personas de cualquier edad.

"Recientemente nos fuimos de vacaciones, y mi hijo Jesús, de 12 años de edad, fue el encargado del mapa de carreteras. Él le decía a su papá el nombre del siguiente pueblo y la distancia a la que se encontraba el punto al que queríamos llegar. Pude percibir que el chico se sentía muy importante. Esa participación que tuvo como guía fortaleció su autoestima y lo situó en un lugar muy especial dentro de la familia", relata Paulina Álvarez.

Estos tres aspectos son importantes para la formación de la personalidad y la autoestima del niño, pero como padres quisiéramos saber qué más debemos hacer para que nuestros hijos aprendan a quererse a sí mismos y se sientan seguros de formar parte de este mundo.

La confianza en sí mismo es el germen del autoconocimiento y la autoafirmación.

RUBIO

Sin duda, lo que tenemos que practicar cotidianamente es un interés genuino por el desarrollo de nuestro hijo, pero más que eso, lo trascendental es que el chico se dé cuenta de la necesidad que como padres tenemos de seguir de cerca sus logros, su evolución, sus intereses. Esta presencia constante le hace sentir lo importante que es y lo mucho que se le respeta. Por ello, los peores enemigos de la autoestima y de la seguridad y confianza personales son la crítica, la ironía, el castigo, la amenaza.

Escribiendo esto y leyendo a todos los autores que comunican acerca de la autoestima infantil, me pregunto por qué no somos tan generosos con nuestros hijos como lo somos con los demás. Un día vino a visitarme una amiga muy querida por mí con su pequeño "terremoto". El niño, de nombre Sebastián y con apenas cinco años de edad, hizo y deshizo en mi casa todo lo que nunca les permití a Lucía y Daniel. Jamás le dije nada, pero pensé que si alguno de mis hijos lo hubiera hecho seguramente lo habría regañado y castigado; incluso me puedo escuchar preguntándoles: "¿qué no piensan?, ¿no tienen cabeza para darse cuenta de lo que hacen?".

Es triste reconocerlo pero a veces carecemos de generosidad, tolerancia y paciencia con nuestros propios hijos.

¿Cuándo le llamaríamos tonto a un amigo por haber tirado el café sin querer? Daniel, mi hijo —quien tiene problemas de coordinación motora— ha tenido que abandonar la mesa infinidad de veces por tirar el agua sin querer al momento de servirla y después de ser regañado por su exigente madre.

Confianza y seguridad: aliados incondicionales

Cuando necesito refuerzos de seguridad, suelo buscar a alguna amiga en quien confíe mucho y que esté segura no me criticará o juzgará. Con los niños pasa lo mismo: el confiar en nosotros, los adultos, sus padres, les ofrece una gran seguridad. Les hace sentirse escuchados y aceptados. Pero también es clave para su autoestima decirles que confiamos en ellos y en sus capacidades.

María Elena de Bernal, psicoterapeuta infantil (www.contusalud.com), afirma que una forma de ayudar al niño para reforzar su confianza es enseñándole a trabajar con metas. Es decir, analizar junto con él las tareas que no ha cumplido —es importante que el pequeño tenga la suficiente disposición para hablar y escuchar— y dejar que él sea quien se ponga su propia meta. El niño deberá escribirla en un papel y si la cumple se le regalarán exclusivamente expresiones afectivas y reconocimiento social. "Recuerde que si él hace eso no es para que usted lo acepte, ni para darle gusto". La confianza, afirma Bernal, es un tema delicado. Los niños tienen

> Es triste reconocerlo pero a veces carecemos de generosidad, tolerancia y paciencia con nuestros propios hijos

la capacidad de confiar en otros cuando se sienten seguros de su ambiente.

Como padres de familia, preocupados por forjar en nuestros hijos la suficiente confianza en sí mismos, lo mejor que podemos hacer es ofrecerles un mundo estable, estructurado, con rutinas y horarios establecidos.

A través de la educación, debemos ayudar a los niños y niñas a crecer como personas libres, con capacidad crítica, exigiendo lo mejor que cada uno puede aportar de sí mismo a la sociedad, ayudando a formar su carácter y a que aprendan a conducirse razonablemente mediante la interiorización de roles y valores morales y sociales.

DELORS

De acuerdo con su teoría de la motivación, el doctor Abraham Maslow (www.puertasabiertas.net) señala como un indicador lo importante que es para los niños sentirse seguros con algún tipo de rutina.

Parecen desear un mundo ordenado y previsible. La inconsistencia y la falta de continuidad en la conducta de los padres parecen hacer que los niños se sientan ansiosos e inseguros. Esta actitud puede deberse a que ese tratamiento amenaza con hacer que el mundo parezca poco digno de confianza, inseguro y hostil. Los niños pequeños se desarrollan mejor bajo un patrón que, aunque con cierto bosquejo de rigidez, cuente con un programa de cierto tipo, alguna especie de rutina, algo con lo que se pueda contar, no sólo para el presente, sino también para el futuro distante.

Los niños promedio de nuestra sociedad prefieren, en general, un mundo seguro, ordenado, previsible y organizado, que les proporcione paz y en el que no sucedan hechos inesperados, incontrolables o peligrosos y que, en cualquier caso, tienen a sus padres omnipotentes para protegerlos y librarlos de todo daño. Esta necesidad de seguridad infantil, aunque podría hablar mal de la forma como hemos educado a nuestros hijos, convirtiéndolos en niños inseguros, es una realidad innegable, y entre más seguro se sienta el chico en el medio ambiente que le rodea, mejor crecerá y contará con más herramientas para enfrentar la vida adulta.

"He tratado de ser una mamá confiable para mis hijos. Esto podría parecer una obviedad, pero no lo es. Ellos saben que las personas confiables son las que cumplen con las promesas que hacen. Así, entienden perfectamente cuando les advierto que si no dejan de pelear va a haber una consecuencia. Siempre se los cumplo. No tengo necesidad de repetirles las cosas más de una vez. También hago lo que les prometo, ya sea ir al cine o salir a tomar un helado si acaban la tarea temprano. Eso los ha hecho niños bastante seguros", expone Sandra Latapí, mamá de Pablo, de 14 años, y Matilde, de 10.

La relación familia-escuela sentará las bases para que el niño se sienta seguro y pleno en el nuevo contexto escolar y para que éste sea lo suficientemente grato y acogedor como para facilitar las condiciones básicas del aprendizaje.

TENA

Así como muchos padres nos preocupamos porque nuestros hijos tengan confianza en nosotros, es importante también demostrarle al pequeño que confiamos en él. Un día hice una prueba de confianza con mi hijo, quien se quedó muy sorprendido de mi nueva actitud. Fue a la hora de la comida. Daniel me dijo que no quería sopa ni arroz porque había comido demasiado a la hora del *lunch* en la escuela. Yo, en lugar de convertirme en un ogro y obligarlo a comer, decidí que tendría confianza en él y que probablemente a la hora de la cena se sentiría con mayor apetito, con lo que afirmé: "Si no quieres comer no comas, pero recuerda que en la tarde no habrá dulces ni galletas sino hasta la hora de la cena". A las ocho de la noche se devoró un buen pedazo de filete y ensalada.

Puede parecer un ejemplo inocuo, pero recordemos que la vida cotidiana está llena de estos pequeños detalles en los que le demostramos al otro que lo queremos, que confiamos en él, que nos gusta su manera de ser.

Ana Luisa Sánchez, mamá de Inés, de 12 años—, Paula, de 10 y Sebastián, de seis años, comenta que una de las formas en que ha logrado que sus hijos tengan confianza en ellos mismos es permitiéndoles manifestar sus sentimientos negativos como el enojo, el malestar, la ira.

"Han aprendido que no es malo sentirlos; sin embargo, debemos controlar la forma en la que los manifestamos. Los dejo solos un momento en su habitación y ahí pueden hacer lo que quieran excepto lastimarse a ellos mismos o a alguien más. Una vez calmados les pregunto si quieren hablar del problema, y así lo hacemos. Paula es la más segura de los tres, reconoce que aunque esté enojadísima por cualquier situación sigue siendo una niña valiosa que debe defender las cosas en las que cree".

Para el fortalecimiento de su autoestima es básico hacerlos sentir que son alguien especial: cuando están en casa les gusta sentir que apreciamos su presencia y cuando están fuera, que se les echa de menos.

"Las expectativas, conscientes o inconscientes, de los otros acerca de las cualidades del niño se transmiten al pequeño y forman parte del material con que configura su autoimagen. El niño se califica a sí mismo tomando como criterio incuestionable el juicio de los demás acerca de su persona y asume las atribuciones que los otros le adjudican o creen que tiene", explica el doctor José Rubio en su artículo "Narcisismo y carácter".

Armándonos de valor para armarlos de valores

Mucho se habla hoy de los valores y de la recuperación de éstos frente a la crisis por la que atraviesa la familia. Pero pocos sabemos, a ciencia cierta, qué son los valores y cuáles son los que mejor ayudan a nuestros hijos a crecer sanos emocional y socialmente.

Los humanos somos, desde que nacemos, seres sociales que vivimos bajo reglas, lineamientos y normas establecidas por el grupo en donde nos desenvolvemos. Por ello, es necesario formar al niño para la interacción en conjunto. Estos patrones de conducta social se aprenden, en primer lugar, dentro de la familia. El núcleo familiar permite y estimula las primeras relaciones humanas, fomenta normas y los valores que nos han de guiar en la vida. La familia es la que, mediante el ejemplo, permite al niño introyectar las actitudes relacionadas con los valores y las normas que puede aplicarse tanto a sí mismo como a su relación con los otros. Por ello, el ejemplo que pongamos a nuestros hijos es importante para ayudarlos a que descubran los valores mediante experiencias significativas. Es fundamental que ellos respiren los valores, los vean, los sientan, los aprehendan y los hagan suyos de manera natural.

> Pocos sabemos, a ciencia cierta, qué son los valores y cuáles son los que mejor ayudan a nuestros hijos a crecer sanos emocional y socialmente

El papel de la familia y de la escuela es de una gran responsabilidad en lo que a la transmisión de valores se refiere.

La educación del niño deberá estar encaminada a desarrollar su personalidad, aptitudes y su capacidad física y mental hasta el máximo de sus posibilidades; inculcarle el respeto de los derechos humanos y las libertades fundamentales; el respeto de sus padres, de su propia identidad cultural, de su idioma y sus valores; prepararlo para asumir una vida responsable en una sociedad libre, con espíritu de comprensión, paz, tolerancia, igualdad de los sexos y amistad entre todos los pueblos, grupos étnicos, nacionales y religiosos y personas de origen indígena, e infundirle el respeto por el medio ambiente.

Fuente: Convención Internacional sobre los Derechos de la Niñez, artículo 29.

La familia es, sin lugar a dudas, el primer espacio de aprendizaje para las personas. En ella es en donde se ofrece cuidado y protección a los niños; también contribuye a su socialización y enseña acerca de la importancia de los valores. Es decir, la familia muestra a sus miembros lo que espera de ellos teniendo en cuenta lo que se considera deseable y valioso en la sociedad.

Otra de las tareas de las familias es acompañar la evolución de los niños en el proceso de escolarización, que es una excelente vía para introducirse en diferentes ámbitos sociales. A través de estas funciones, la familia contribuye a educar a los niños para que puedan ser autónomos, emocionalmente equilibrados y capaces de establecer vínculos afectivos satisfactorios.

Transmitir a nuestros hijos aquellos valores que les servirán para enfrentar el mundo exterior es una de las principales herencias que les dejaremos. Si un niño crece en un medio familiar de tolerancia y respeto, aprenderá a sobrellevar las diferencias que hay entre él y los demás, sabrá cómo ser respetado y por qué respetar a los demás. Si la constancia y la disciplina son características propias de sus padres, el chico será disciplinado y sabrá que sin la constancia y el esfuerzo que ésta implica no podrá avanzar muy lejos, por mucho que corra.

Los padres de familia de hoy, constantemente nos preguntamos por nuestro papel y el de la escuela en la formación de los valores, si ambas instituciones se encuentran en crisis. Sin embargo, como pilares del desarrollo humano y por el hecho de estar atravezando un periodo de transformación, debemos redoblar esfuerzos para transmitir a los niños valores acordes a las nuevas caras de la familia y la escuela.

Hoy no es posible criar a un niño bajo el parámetro de una familia numerosa en el que el papá trabaja y solamente provee económicamente, mientras que la mamá zurce calcetines y almidona los cuellos de las camisas. Los niños crecen ahora con una mamá que trabaja a la par que su papá y por ello todos los miembros de la familia debemos cooperar con las labores del hogar. Así absorbe el niño el valor de la cooperación. Algo similar sucede en las escuelas, en donde ya no se permite el maltrato al niño, cuando en épocas anteriores el reglazo, las orejas de burro y otro tipo de humillaciones eran las técnicas aplicadas.

Hay quien asegura que el exceso de comunicación entre padres e hijos ha llevado a estos últimos al libertinaje. No estoy de acuerdo. Cuanto más hablen un padre y su hijo, mayores elementos tendrá el chico para salir a la calle y defender aquello en lo que cree. La comunicación no es sinónimo de pérdida de autoridad paterna. El problema aquí es que como padres, y debido al exceso de información con el que contamos actualmente, tal vez no hemos sabido establecer límites ni hemos podido adaptarnos a las nuevas demandas que exige la familia actual, que dista mucho de ser la misma de antes.

En entrevista con una gran diversidad de padres de familia, resalta el hecho de que, a pesar de los cambios que ha sufrido la sociedad, los valores que queremos transmitir a nuestros hijos son los mismos que nuestros abuelos y bisabuelos enseñaron a los suyos.

"Yo crecí con el valor del respeto, principalmente hacia los adultos. Mis hijos son muy respetuosos con los de su tamaño, con los discapacitados y con los adultos. Sin embargo, a mí no me enseñaron a exigir que se respetaran mis derechos como niño, pero mis hijos lo han aprendido en la escuela, por los medios de comunicación y de nosotros, en casa", afirma Víctor Acosta, papá de tres niños de 12, 10 y siete años.

Para el crecimiento y la evolución del niño son claves el amor, la comprensión, el alimento y el cuidado que recibe del entorno familiar; pero pasados los dos o tres primeros años de vida, es necesaria su incursión en la esfera escolar.

TENA

En México, la SEP, en su Programa de Desarrollo Educativo 1995-2000, afirma que "el acelerado desarrollo de la ciencia y la tecnología provoca la obsolescencia rápida de gran parte del conocimiento y la preparación adquirida. Por lo tanto, la educación tenderá a disminuir la cantidad de información, a cambio de reforzar valores y actitudes que permitan a los educandos su mejor desarrollo y desempeño, así como a concentrarse en los métodos y prácticas que les faciliten aprender por sí mismos".

La escuela es el otro lugar en donde el niño se arma de las herramientas necesarias para una adecuada socialización: ahí aprende a esperar, escuchar, reflexionar, cuestionar y compartir, y comprende el valor de la amistad —por mencionar algunos—. El contacto con otros niños, el observar y aceptar que hay otras formas de relacionarse y la obtención de conocimientos, son aspectos fundamentales para que el chico pueda crecer y desarrollarse. Esto y la educación informal que el pequeño recibe en casa, son la base para la formación de valores en el niño.

Preguntas

En materia de cuidados infantiles nunca está por demás comportarnos como verdaderos inspectores de seguridad, y esto incluye las emociones de los hijos, sus sentimientos, sus temores y, por supuesto, su cuerpo, su salud e integridad física. Por eso es importante preguntarnos:

1. La seguridad emocional de los niños es igual de importante que su seguridad física. ¿Nos hemos preocupado por ella?
2. ¿Entendemos lo que es la autoestima?
3. ¿Sabemos cómo anda nuestra propia autoestima?
4. ¿La educación informal que el niño recibe en casa es acorde con los cambios ocurridos en la sociedad?
5. ¿Hemos elaborado un inventario de los valores que les estamos dando a nuestros hijos?
6. ¿Por qué me parece importante transmitir a mis hijos los valores que estoy fomentándoles y no otros?
7. ¿La escuela y nosotros —como padres de familia— estamos de acuerdo en los principios y los valores que queremos que aprendan nuestros hijos?

Capítulo dos

¿Para qué hablar de la sexualidad con los niños?

—Mamá, cuando yo nací fue porque mi papá y tú tuvieron relaciones sexuales, ¿verdad? —me preguntó Lucía.

—Sí, Lu, así fue.

—Oye, ¿y tuvieron el coito?

—¿El qué? —le pregunté entre aterrorizada y avergonzada—. Lucía, ¿de dónde sacaste eso?

—Lo leí en un libro que tú y papá nos compraron a Daniel y a mí sobre el nacimiento de los niños, ¿ya no te acuerdas?

Me armé de valor, tomé de la mano a la niña y le pedí que me mostrara el libro. Me lo enseñó y empezamos a leerlo juntas. Recuerdo que le pedí que cuando quisiera hablar de esos temas solamente lo hiciera conmigo, con sus maestras de la escuela o con su papá. Ella me preguntó si era malo hablar de eso.

No es que sea malo —le dije—, simplemente son temas delicados que es mejor hablar con los adultos porque a veces los niños no saben muchas cosas, entonces inventan o se equivocan.

Cambié el tema y mi hija no le dio mayor importancia.

Guadalupe Pérez, mamá de Andrés y Humberto, de 14 y 12 años, relata que cuando el menor tenía siete años, estaban todos viendo la televisión y de repente el niño se levantó y le preguntó que si le podía decir qué era un condón.

"Sentí una especie de vergüenza, me sonrojé, pensé que Humberto había esculcado en los cajones de su papá y solamente pude decirle: 'Pregúntale a tu papá'".

Sin duda nos provoca cierto malestar tener que hablar con nuestros hijos de temas de sexualidad, pero es un asunto que no hay que prolongar mucho tiempo. Los niños obtienen demasiada información del medio que los rodea y más vale que seamos nosotros quienes aclaremos sus dudas. Por supuesto, de acuerdo a su edad y a su desarrollo psicológico.

Por ejemplo, respecto al cuerpo, los niños aprenden desde pequeños que hay ciertas partes que son diferentes a las otras. Esas partes distintas, generalmente causan vergüenza, son vistas como sucias y no se tocan ni se les llama por su nombre. Tendemos a llamar al pene y a la vulva con apodos que nos parecen más suaves o simpáticos en lugar de llamarlos por su nombre, y cuando los niños tocan o muestran estas partes de su cuerpo solemos decirles sin mayores explicaciones "déjate ahí", "no te toques", "no te levantes la falda", "que no se te vean los calzones".

Existen numerosos estudios en las áreas de pedagogía, medicina y psicología que reconocen la importancia que tiene para el desarrollo infantil una sana comprensión de la sexualidad.

> Lo que más confunde a los menores respecto a la
> sexualidad es la falta de claridad de la información
> que reciben

Sin embargo, los educadores —incluidos los padres de familia— asumimos frente a este tema posiciones que van desde el "dejar pasar" hasta posturas sumamente dogmáticas y estrictas que ponen en evidencia nuestra gran falta de información a este respecto. Sería poco afortunado decir que deseamos heredar a nuestros hijos o alumnos las mismas carencias informativas con las que crecimos. Todos buscamos ofrecer a los niños una educación sexual sana, libre de prejuicios, armónica con el crecimiento infantil y que no los llene de sentimientos de culpa ni de asociaciones negativas acerca de su cuerpo.

Para entender lo que es la educación sexual, los especialistas en la materia afirman que ésta consiste en ofrecerle al infante información completa y veraz de todo lo que atañe al sexo en un clima de absoluta libertad, respeto, lealtad y ternura. Para lograrlo hace falta una actitud abierta —de padres y maestros— basada en la comprensión, la tolerancia, el respeto y la aceptación.

La psicóloga educativa Norma Patrón afirma que "nuestro ideal debe ser tratar todo lo relacionado con el sexo de una manera tan neutra y objetiva como la que se emplea para cualquier otro asunto. Lo primero que debemos hacer es contestar a las preguntas acerca del sexo del modo más franco, directo y honesto que nos sea posible".

En efecto, la mayoría de los pedagogos contemporáneos considera que la educación sexual debe iniciarse desde el momento mismo en que el niño nace y que debe desarrollarse paralelamente a su crecimiento.

"Mira, lo más que he hablado con mi hija Samanta de educación sexual tiene que ver con la menstruación. Ella tiene 11 años y creo que lo que sabe es suficiente para su edad. Por supuesto, sabe cómo nacen los niños pero, ¿para qué le voy a hablar del sida y de las enfermedades de transmisión sexual?, creo que eso la angustiaría y no considero que tenga el desarrollo psicológico adecuado para saber más de lo debido de acuerdo a su edad", afirma Luz María Estivil, mamá de una niña de 11 años y un niño de ocho.

La sexualidad está determinada por normas y valores culturales. Incluye el desarrollo del cuerpo, la percepción del género, emociones, aspectos psicológicos, de identidad y formas de expresión. Tiene aspectos eróticos y no eróticos.

HIRIART

Gabriela Delgado, psicóloga educativa y experta en el tema de la sexualidad infantil, asegura que la sexualidad debe formar parte de nuestra filosofía vital; es decir, debe tener un lugar en nuestra escala de valores y en nuestro esquema vital.

Dar una educación sexualmente sana tiene que ver con permitir a los seres humanos quererse a sí mismos a través de su cuerpo, de sus experiencias, de su contacto con otras personas. Además no es un tema curricular con el que vayan o no a reprobar en la escuela, esto es una actitud ante la vida y en ello radica su importancia.

Cuando pensamos en el desarrollo sexual de nuestros hijos, la mayoría nos limitamos a imaginar sus cambios corporales y emocionales. No obstante, las principales formulaciones teóricas acerca del desarrollo de los infantes y su sexualidad hacen hincapié no solamente en los primeros años de vida y en los cambios propios de la pubertad, sino en la importancia fundamental de los primeros meses.

La mayoría de los autores que plantean una teoría psicosexual del desarrollo infantil coincide en resaltar la importancia de la relación madre-hijo para que el pequeño crezca sano mentalmente, así como el espacio de interacción entre ellos y la percepción que el niño tiene de su padre por medio de su mamá.

La primera etapa de desarrollo del pequeño es la llamada oral. En ésta, la energía sexual o libido se encuentra centrada en la zona oral ya que la satisfacción primordial de las necesidades se da a partir de la alimentación y de la relación del niño con el mundo exterior por medio de la boca. En esta etapa el niño adquiere la confianza. Por eso, si la mamá es consistente, amorosa, si le da al niño sus alimentos tranquila, relajada, con amor y, además, el bebé percibe que hay una buena relación entre sus padres, entonces el niño logrará cubrir el objetivo más importante de esa etapa: la autoconfianza.

Norma Rosas, psicóloga infantil, expone:

> Desde que el niño nace y hasta los dos años de edad, lo hacemos sentir seguro por la forma en que lo tocamos, le damos de comer, lo lavamos, le cambiamos los pañales y hasta con el tono de nuestra voz. Estas acciones lo hacen sentir cómodo con su cuerpo y sus emociones. Los pequeños pueden desarrollar sentimientos saludables sobre su sexualidad si hacemos todas estas cosas de un modo agradable y cariñoso. Asimismo, hay que tener presente que los niños exploran sus cuerpos. Aprenden rápidamente que es agradable tocarse sus órganos sexuales. Es bueno dejarlos disfrutar esto. Si les gritamos o les pegamos en las manos, de cualquier manera lo harán, pero se sentirán culpables y no nos tendrán confianza en el futuro cuando necesiten orientación sobre el sexo.

"Para mí es un alivio que la escuela se encargue de hablar del tema de la sexualidad", asegura Patricia Calva, mamá de Fernanda, de 13 años, Carmen, de 10, y Pablo de seis años—.

> A medida que el niño va creciendo, su mundo
> adquiere poco a poco un valor diferente

En su libro *10 charlas que los padres deben tener con sus hijos sobre carácter y sexo*, Pepper Schwartz y Dominic Capello afirman que la educación que se imparte en la escuela generalmente tiene que ver con las trompas de falopio, el esperma y los ovarios, pero nada relacionado con lo que las personas sienten en sus cuerpos ni cómo interpretar las escenas de sexo que constantemente ven en el cine o en la televisión. Los niños necesitan que su papá y su mamá estén dispuestos a escuchar sus preocupaciones y a ayudarles a analizar detenidamente la problemática sexual que se presenta en la vida diaria.

Por su parte, la doctora Lucía Reyna, experta en el tema y dedicada a la terapia familiar, asegura que:

> La primera etapa de la sexualidad infantil tiene que ver con todo el ambiente afectivo que rodea la llegada del bebé. Muchos padres de familia piensan que sexualidad y genitalidad es lo mismo, pero no es así. La genitalidad es un tema biológico, natural, mientras que la sexualidad —aunque también es un asunto natural— está muy relacionada con cuestiones afectivas, sociales y culturales.

La sexualidad se expresa de diferentes maneras y según la etapa de desarrollo en que se encuentran los niños. Desgraciadamente, los padres sólo nos damos cuenta de ello hasta que el niño nos bombardea con preguntas relacionadas con el sexo y que, la mayoría de las veces, nos incomodan. Es importante que comprendamos cabalmente que la educación sexual no es simplemente llenar al chico de información acerca de la reproducción o los cambios en el cuerpo, ni de los métodos anticonceptivos que existen. Hay que hablar con ellos de conductas, emociones, afectos, sentimientos, compromisos, responsabilidad, madurez.

Los especialistas en la materia afirman que hacia los dos o tres años de edad, el niño ya está en condiciones de recibir los datos más sencillos y, a partir de entonces, conviene no desaprovechar ninguna oportunidad para enseñarle siempre algo más.

Norma Rosas comenta:

> Aunque la tarea de la educación sexual corresponde a todas las personas involucradas en el desarrollo del niño, no hay ningún maestro, educador o especialista que pueda hacer lo que los padres. El niño capta actitudes fundamentales para su evolución emocional y sexual del ambiente familiar; conductas tan simples como si sus padres están contentos con sus papeles sexuales o si hay amor y confianza en casa.

Uno de los aspectos que más influye en la sexualidad del infante es la forma de convivencia que existe entre los padres. El pequeño debe vivir en un ambiente en el que la relación de pareja sea de dar y recibir, de amor y respeto, y no un campo de batalla entre hombres y mujeres.

Es una realidad innegable que en nuestra sociedad existe la arraigada costumbre de no mencionar en el seno de la familia nada relacionado con el sexo. Los padres, la mayoría de las veces, educan a sus hijos con el ejemplo de su propia conducta y con toda la mala información que les heredaron sus progenitores, con sentimientos de culpa y llenos de temores respecto a la sexualidad.

Norma Rosas argumenta que, como consecuencia de esa forma de educación, los niños generalmente aprenden que los hombres no deben manifestar lo que sienten y que las mujeres sí pueden llorar y su tarea es la de criar y cuidar a los niños. "Cada familia establece sus propias normas y costumbres, pero lo verdaderamente importante es pensar en el bienestar de cada uno de sus miembros. Debemos procurar que cada integrante de la familia tenga un papel equitativo que le satisfaga, que todos se sientan con igualdad de derechos y obligaciones y se respeten y ayuden sin distinción de sexo".

"Como mamá, tengo que reconocer que siento un gran temor de hablar con mis hijos de temas referentes a la sexualidad, y creo que mis miedos provienen de que yo crecí muy desinformada. Antes no se estilaba que los padres hablaran con sus hijos, pero ahora con tantas enfermedades y embarazos adolescentes lo mejor es alertar a los jóvenes", afirma Paula Montero, mamá de Dalia y Eduardo, de 11 y nueve años de edad.

A medida que el niño va creciendo su mundo adquiere poco a poco un valor diferente. La mamá deja de ser lo más importante y toman su lugar otras cosas como los juguetes, otros lugares, otros niños y el papá.

Angélica Ramírez, psicoanalista infantil, explica en su artículo "Acerca del desarrollo psicosexual":

> La madre ya no es solamente para el niño. El menor reconoce que ella tiene otras cosas que hacer y acepta que él no es lo único en la vida materna. Es decir, el niño se siente suficientemente satisfecho como para tolerar otras experiencias, incluidas las prohibiciones, los hábitos de higiene, los 'no' y hasta la traumática llegada del hermano. Durante esta etapa —conocida como anal— la libido se centra en los hábitos y, precisamente en éstos, el niño aprende a conocer el funcionamiento de su cuerpo. Si el niño es aceptado en el ambiente familiar tal y como es, el logro fundamental será la autonomía.

Teresa Hernández representa un claro caso de la manera en que, quienes hoy somos adultos, fuimos educados en materia de sexualidad.

"Con 35 años de edad te puedo decir que en mi familia nuclear nunca hemos hablado de sexualidad, y cuando preguntábamos cosas siendo niños las respuestas eran muy elementales o evasivas. De esas cosas no se hablaba y ya está. Mi madre me explicaba acerca de la menstruación con vergüenza, sólo cuando no podía evitarlo y estábamos solas. Obviamente no hablábamos de esto en público o frente a otros miembros de la familia como mi padre o mis hermanos; sólo entre mujeres. En la primaria no se enseñaban esas cosas. La primera vez que se mencionó el asunto fue en sexto grado (cuando teníamos aproximadamente 12 años). Pero se trataba de una manera tan científica, que nadie relacionaba el tema consigo misma o con su medio. Es así como se fomentaban tabúes e incomodidades acerca de nuestro propio cuerpo, en un momento tan delicado de la vida como es la preadolescencia. Los educadores se dirigían a los estudiantes de ambos sexos de la misma forma. Sin embargo, las chicas sólo hablábamos entre nosotras acerca de cosas sexuales; a nuestra manera, por supuesto, pero no a profundidad, ya que estábamos tocando temas que parecían extremadamente íntimos".

Una de las primeras lecciones que los chicos necesitan aprender es cómo respetar los límites de los miembros de la familia y de los amigos. Esta habilidad les ayudará a establecer límites cuando se enamoren de alguien o cuando alguien se enamore de ellos.

SCHWARTZ Y CAPELLO

Hoy, en materia sexual, la responsabilidad de los padres es enorme y los especialistas nos aconsejan asumir el cuerpo como un regalo de la creación abierto al amor, a la creatividad y al gozo. Esto no significa que tengamos que ser permisivos o aprobar a nuestros adolescentes la promiscuidad. Para poder guiar correctamente a los hijos es necesario que como padres seamos dueños de suficiente información acerca del desarrollo sexual humano, que manifestemos una actitud abierta, que invitemos a nuestros hijos al diálogo, y que confiemos en nuestra propia intuición y en la evolución del pequeño, de acuerdo con su edad.

A partir de los cuatro años, etapa en la que el niño ya habla y tiene amigos, empieza a hacerse cargo de más responsabilidades respecto de sí mismo, comienza a vestirse y bañarse solo, a notar diferencias entre su sexo y el sexo opuesto. Angélica Ramírez afirma que durante esta etapa la libido está centrada en las diferencias anatómicas de los sexos. Aunque también, a partir de entonces, la socialización y el aprendizaje orientan el desarrollo infantil. "Este periodo, llamado 'de latencia', dura hasta la pubertad, etapa que varía mucho en edades y en ambientes. Se llama así porque la libido está dirigida fundamentalmente al aprendizaje", explica.

¿Qué piensan los jóvenes?

En encuestas realizadas en algunos países latinoamericanos y España, sorprende la necesidad de información de los jóvenes, pero que ésta provenga de sus padres y no de amigos o de conversaciones ajenas a sus propias vidas y relaciones sociales.

De acuerdo con un informe de la Sociedad de Sexología de la Provincia de Vizcaya en España, los chicos encuentran la mayor parte de la información sexual a través de amigos de su edad o un poco mayores y en revistas para adultos. Las chicas, en cambio, la obtienen a través de amigas de su edad o un poco mayores, pero no de materiales "porno". Sustituyen esta fuente de información por sus padres y madres.

> Los jóvenes desconfían de la información recibida por amigos o chicos mayores que ellos y de la que proviene de revistas para adultos

Los jóvenes desearían que sus padres se convirtieran en la fuente de información sexual principal. Este dato, señalan los estudios, manifiesta un claro deseo de mejorar la comunicación de cuestiones sexuales en el marco familiar, así como el deseo de que sean los padres y madres quienes asuman más activamente esta función.

Un dato interesante es que los jóvenes desconfían de la información recibida por amigos o chicos mayores que ellos y de la que proviene de revistas para adultos. Consideran que la fuente más confiable son sus propios padres. Sin embargo, también resalta el hecho de que los adolescentes no se atreven, tanto como desearían, a preguntar acerca de cuestiones sexuales en el marco familiar y se ven forzados a encontrar respuestas en la calle. Pero sí manifiestan un deseo claro de recuperar este diálogo con sus padres.

De la concepción popular del instinto sexual forma parte la creencia de que éste falta durante la niñez, no apareciendo hasta el periodo de la pubertad. Esta creencia es un error de consecuencias graves, y a ella se debe nuestro actual desconocimiento de las circunstancias fundamentales de la vida sexual.

FREUD

La gente joven tiene excesivos datos teóricos de sexualidad referida principalmente a áreas como la reproducción humana y la anticoncepción, pero no tanta información sexual como quisiera, lo que dificulta la aplicación de estos conocimientos en sus vidas y realidades. Los chicos y chicas adolescentes piden saber más y mejor acerca de las cuestiones relacionadas con la sexualidad con el fin de evitar tener tantos problemas con la propia.

El miedo a las relaciones sexuales, otro aspecto abordado en las encuestas, se transmite de padres y madres a hijos e hijas. Las áreas de conocimiento de las que se carece de más información sexual corresponden a las relacionadas con el placer, las primeras relaciones sexuales y el disfrute sexual a través de la masturbación, en el caso de las chicas.

El miedo al descubrimiento de la sexualidad conserva vivos los viejos tabúes, manteniendo en la ignorancia sexual a los adolescentes. Esto propicia experiencias sexuales negativas, vividas con miedo, en la clandestinidad y con un alto riesgo de insatisfacción, embarazos no deseados o enfermedades de transmisión sexual.

Destaca que las chicas son quienes obtienen más información en casa con un doble efecto: aumenta la seguridad acerca de lo que se sabe, pero también se incrementa la presión con mensajes prohibitivos, de control y de miedo respecto de la sexualidad y las relaciones sexuales, por parte de madres y padres.

Los especialistas en sexualidad afirman que en la actualidad los niños empiezan a ser adolescentes de manera prematura en comparación con otras épocas. Las razones varían, pero la vida en las grandes urbes, el clima, la alimentación y la información son algunos de los factores que favorecen la aparición de los caracteres sexuales. La adolescencia es, sin lugar a dudas, una de las etapas más difíciles y delicadas: "El adolescente, además de cambiante y rebelde, requiere encontrar su identidad, su objetivo en la vida profesional y de pareja y, desde luego, la independencia emocional de los padres, aunque con su actitud pida límites a éstos. El chico tiene que sentirse entendido y contenido para tolerar sus ambivalencias y necesidades", explica Ramírez.

Elementos básicos sobre sexualidad

Para abordar exitosamente el tema de la sexualidad con nuestros hijos debemos:

▶ Hablar con naturalidad.

▶ No dar lecciones magistrales. El niño no puede mantener la atención por mucho tiempo y, además, quiere hacer preguntas.

> ▶ No dar la información de una sola vez; toma tiempo entender lo que vale la pena aprender.
> ▶ No dar sólo datos biológicos, trabajar sobre todo la parte afectiva que implica la sexualidad.
> ▶ Hablar de forma clara y sencilla, de acuerdo con la edad del niño; no debemos preocuparnos si creemos que le hemos dicho más de la cuenta, casi siempre los niños apartan la atención cuando no entienden algo.
> ▶ Si el niño usa una palabra grosera para referirse al tema, explicarle las razones por las que no debe decirla. Tampoco debemos reírnos o bromear acerca del hecho, pues esto tiene un efecto reforzador.
> ▶ Después de responder las preguntas, comprobar que las palabras fueron bien interpretadas y dar oportunidad de volver a preguntar.
> ▶ Responder siempre con la verdad, sin evasivas o comparaciones con otros seres vivos que nada tienen que ver con la sexualidad humana.
> ▶ Por último, no olvidar que no sólo educamos en forma verbal, básicamente lo hacemos con nuestras actitudes y comportamientos.
>
> **Fuente:** Helene Arnstein, psicoterapeuta infantil.

Educación sexual, ¿necesaria?

Los cambios que han transformado a la familia y a la sociedad en su conjunto ponen en la mesa de discusión familiar la necesidad de recurrir a la educación sexual. El creciente número de embarazos no deseados y las alarmantes cifras de enfermos de sida obligan a la familia y a la escuela a poner en práctica nuevos modos de enfrentar el tema.

La sexóloga Vivianne Hiriart (www.muypadres.com) señala:

> Cuando las partes sexuales quedan fuera de nuestro esquema corporal, y no logramos integrar la sexualidad como un núcleo parte más de nuestras vidas, es más fácil que se presente una serie de situaciones complicadas de resolver. Por un lado, al ver la sexualidad ajena a nosotros y con cierta vergüenza, o incluso rechazo, es más difícil que podamos hablar de ello, cuidar de nuestros genitales, tener una higiene adecuada y comunicar cuando tenemos algún problema o infección. Además, al no poder hablar del tema y sentirlo fuera de nuestro control, estamos más vulnerables a ser víctimas de abuso sexual.

Por otro lado, diferentes investigaciones ofrecen datos de la realidad que muestran las consecuencias de una inadecuada educación sexual y afectiva: problemas para relacionarse, disfunciones sexuales en la pareja, desajustes personales.

Los avances científicos han modificado los conceptos tradicionales de salud. Hoy, ésta ya no es solamente ausencia de dolor y enfermedad. Es, antes que nada, prevención y eso incluye la dimensión sexual y afectiva. Por éstas y otras razones, las naciones desarrolladas han incluido programas de educación sexual para mantener sana e informada a su población más joven.

La falta de educación sexual nos lleva a enfrentar realidades dramáticas que podrían evitarse tan sólo con información. Según estimaciones del Consejo Nacional de Población (Conapo) en

El miedo al descubrimiento de la sexualidad conserva vivos los viejos tabúes, manteniendo en la ignorancia sexual a los adolescentes

2005 hubo 71.5 nacimientos por cada mil mujeres de 15 a 19 años. Agrega también que 17.4 por ciento de los nacimientos reportados ante el registro civil fueron de madres menores de 20 años. 82.1% de los adelescentes que han tenido relaciones sexuales conoce uno o varios métodos anticonceptivos, de éstos sólo 64.2% los utiliza, reporta la institución.

Según reportes de Promoción y Prevención de la Salud de la Secretaría de Salud, entre 50 y 60% de los embarazos en adolescentes no son planeados.

Desde el inicio de 2008, tan sólo en la ciudad de México se han practicado 5 mil 845 abortos legales, de los cuales 264 fueron solicitados por menores de edad.

Los índices de mortalidad materna entre mujeres de 15 a 19 años son el doble de los correspondientes a las mujeres de 20 a 29; siete mil jóvenes entre 10 y 24 años se infectan diariamente de VIH en el mundo. Estas preocupantes cifras se traducen en una imperante necesidad de poner al alcance de los adolescentes información acerca de la sexualidad.

Vivimos en un mundo muy sexualizado. Hay mensajes en todo nuestro alrededor: en la radio y televisión, en las películas, las revistas y la música. El sexo se usa para vender todo, desde alcohol hasta productos de tocador. Todo el mundo habla de eso en todos lados, y nuestros hijos lo oyen todo. Pero a pesar de que se habla tanto, nuestros hijos no reciben mucha información útil.

UNA MAMÁ DE DOS ADOLESCENTES

Las sociedades tienen suficientes pruebas para enfrentar a la brevedad el reto de la educación sexual y comenzar a dar respuestas a las principales necesidades que tienen los educadores, los padres y los alumnos. Las evidencias actuales nos obligan, como padres de familia, a no eludir esta problemática. El futuro y la seguridad sexual de nuestros hijos están en nuestras manos.

La carencia de información acerca de la sexualidad origina en muchas personas:

▶ Insatisfacción. Estimula el cambio frecuente de pareja porque la persona no logra sentirse a gusto y aumenta las posibilidades de adquirir una infección de transmisión sexual.

▶ Problemas de autoestima y con la imagen corporal.

▶ Poco conocimiento de su propio cuerpo. No saben que la exploración es natural en cualquier edad.

▶ Desconocimiento acerca del uso del condón. En el caso de los hombres no lo utilizan en la primera relación. Lo hacen sólo con parejas ocasionales para evitar una infección de transmisión sexual. Las mujeres lo utilizan como método para prevenir el embarazo.

▶ Muchos hombres, en ocasiones, no se sienten responsables del embarazo de su compañera.

▶ Sienten miedos y complejos, pero no se atreven a comunicarlos.

Tomado de www.sexosentido.com

Preguntas

Abordar el tema de la sexualidad con nuestros hijos nos pone a temblar, ya que no tenemos la información necesaria y nuestros padres y maestros nos hicieron creer que era malo hablar de eso. Por eso es conveniente preguntarnos:

1. ¿Qué nombres utilizo con mis hijos para nombrar los genitales?, ¿pene o vagina me parecen palabras feas o inapropiadas?
2. ¿Alguna vez hablé con mis padres acerca de mis dudas respecto a la sexualidad? ¿Cómo obtuve información de la menstruación y la reproducción?
3. ¿Cómo reacciono cuando mis hijos me preguntan de la sexualidad?
4. Como padres de familia, ¿les hacemos sentir a nuestros hijos que estamos muy bien con nuestros respectivos papeles sexuales?
5. ¿Cómo se trataba el tema de la sexualidad en mi familia?
6. ¿Respondo con naturalidad las preguntas que me hacen mis hijos?

Capítulo tres

Niños seguros frente al divorcio

*P*ara nadie es una sorpresa que en la actualidad los índices de separación y divorcio son cada vez más elevados. Se dice que entre 40 y 50% de los matrimonios terminan en uno. Casi cuatro de cada 10 niños nacidos entre 1980 y 1990 pasaron parte de su niñez en una familia con un solo padre. En México, de cada 100 parejas que se casan, sólo cinco viven bien integradas, 25 se separan y 70 viven con conflictos. El futuro de los niños, con este panorama tan poco alentador, se vislumbra emocionalmente incierto, porque si bien es verdad que ellos están creciendo bajo un nuevo parámetro de familia y de las relaciones entre las parejas, siempre van a necesitar a un padre y a una madre. Juntos o separados, pero siempre los van a necesitar.

Una de las situaciones actuales que más angustia a los pequeños es la separación de sus papás; y estén o no separados, los niños se angustian al tener tantos amigos y compañeros de clase cuyos padres ya no viven juntos. Este es el caso de Lucía, mi hija, que me pregunta frecuentemente si su papá y yo nos vamos a divorciar. Y lo pregunta cuando es testigo de alguna desavenencia de pareja entre nosotros, o cuando regresa de casa de alguna de sus amigas en donde los padres están divorciados. Daniel, por su parte, cuando ve que hay alguna diferencia o dificultad entre Guillermo y yo, inmediatamente pregunta si estamos enojados por su culpa. La carga emocional de pleitos, diferencias, separaciones o divorcios para los niños es enorme.

A menudo el divorcio favorece el crecimiento personal pero para algunas personas es vivido como un fracaso que genera graves sentimientos de culpa.

MARSELLACH

Yo no soy partidaria del divorcio. Claro que si hay violencia o alguna adicción de por medio estoy a favor, pero divorciarse por problemas cotidianos, me parece demasiado doloroso como para tener que enfrentarlo si las cosas se pueden resolver de otra forma. No apoyo la idea de "me quedo con mi marido por mis hijos"; tampoco soy fanática de las teorías de la mujer víctima, sumisa y abnegada. Lo que sí creo es que una relación de pareja es un acto de voluntad diario y si hay niños, debe serlo aún más. Los chicos necesitan sentirse seguros, protegidos, amados. Las madres que están solas lo pueden hacer y muy bien, pero lo cierto es que los pequeños requieren de una mamá y un papá. Por eso, cuando hay un divorcio en puerta hay que ser muy cautelosos en la forma como lo manejamos frente a nuestros hijos, de manera que la carga de culpabilidad que esto siempre acarrea, sea lo menos pesada posible.

> El divorcio es un proceso en el que todos los
> miembros de la familia se ven involucrados y que
> tiene un determinado tiempo de duración

No existe un camino que no sea doloroso para explicarle a un niño que sus papás se están divorciando. Sin embargo, la forma en la que lo tome depende mucho de la edad, de si tiene idea de que el divorcio está por venir, es decir, si ya vivió alguna separación de los padres, si ha sido testigo presencial de sus pleitos y si tiene sentimientos encontrados al respecto, muy propios de los niños.

Lo que sí es una realidad es que a los chicos no se les puede ocultar esta penosa realidad, ni mentirles tampoco. El divorcio no es un evento que sucede y ya. Es un proceso en el que todos los miembros de la familia se ven involucrados y que tiene un determinado tiempo de duración. Como padres, debemos estar siempre muy atentos a las preguntas que nos hacen los pequeños al respecto, los sentimientos que los invaden y, sobre todo, hay que evitar que ellos se sientan culpables de la separación. Los mejores pronósticos psicológicos para un niño cuyos padres se divorcian afirman que el proceso de duelo dura entre un año y medio y tres años. Pero durante todo ese tiempo es de capital importancia que los padres le hagan sentir al pequeño que lo aman, que lo seguirán protegiendo y que la separación no tiene nada que ver con él. También es importante que ninguno de los padres se exprese mal del otro delante del niño o trate de que el pequeño tome partido por alguno. Eso es lo que más daño le hace al chico.

Laura Hernández, terapeuta familiar, afirma que el divorcio es una situación difícil para todos los que están involucrados y que hay una serie de cambios que los niños difícilmente entienden. Muchas veces, por ejemplo, el divorcio causa que los niños no vean con frecuencia a uno de sus padres, que se cambien de casa o de escuela, o que se sientan aislados de sus padres, quienes están batallando con los efectos propios de la situación. Además de las repercusiones emocionales del divorcio, algunos niños tienen que enfrentar los problemas económicos que resultan de vivir con un único ingreso; o a veces la mamá tiene que volver a trabajar después de haber estado en la casa la mayor parte del tiempo. Ello genera confusión y enojo en los niños, por lo que hay que ser muy respetuosos y estar siempre abiertos a la expresión de sus sentimientos.

Para Isabel Ortiz, mujer divorciada y mamá de Fabiola, de 14 años y Adrián de 12, el divorcio es la forma de aceptar que una pareja ya no puede convivir más, y se toma esta salida como último camino, después de haber agotado todas las vías de la comunicación, la confianza, la seguridad, el amor.

"Cuando llega el divorcio es porque ya no hay nada que mantenga unidos a los miembros de la pareja y lo mejor que puede suceder, en beneficio de todos, es la separación. Lo digo porque he vivido la experiencia, y el trauma para los hijos, por más racional que intentes presentarte ante ellos, es inevitable. Es un golpe muy duro y hay que saberlo manejar para evitar que se prolongue por mucho tiempo. Para un niño es muy difícil comprender que quienes se separan son los padres y que no se separan de él. La superación del efecto para los chicos va a depender de cómo se establezcan las pautas de la ruptura, el trato posterior que se le dé y de cómo se expresen los cónyuges, el uno del otro, frente a los niños".

La historia de que se casaron y fueron muy felices, no tiene mucho que ver con la realidad del siglo XXI.

KWELLER

Una amiga muy querida tenía la filosofía de que cuando no hay hijos estás con tu pareja por amor, pero cuando llegan, te quedas por obligación. Comparto su posición —a pesar de todas las críticas de que he sido objeto por pensar así— pero insisto en que los niños lo pasan muy mal. Lo pasan peor si tienen unos padres que viven peleando o gritando; si se puede evitar llegar a esos extremos, hagamos un pacto con nuestra pareja para evitarlo.

Manuel es un joven de 19 años, sus padres se divorciaron cuando él tenía cinco. Su mamá hizo todo lo posible para evitar que el chico creciera sin una imagen masculina —aunque no fuera la del padre—, lo acercó a los tíos, al abuelo, etcétera. Manuel creció aparentemente sin problemas emocionales, pero hoy que es casi un adulto, reconoce que tiene mucho coraje frente a su papá por haberlo dejado y por lo mucho que tuvo que sufrir, sin que su mamá se diera cuenta, con el fin de aceptar la ausencia de un padre.

Gloria Martínez, psiquiatra especializada en terapia de pareja, expone:

> Para cualquier pareja con hijos y en vías de separarse, el reto principal debe ser tratar de mantener la estabilidad de la familia. Para un hijo es mejor que sus padres estén separados si ello les aporta un bienestar personal. Este bienestar tendrá un efecto positivo en los niños ya que, durante mucho tiempo, ellos han carecido de éste debido a los conflictos de pareja. Si los padres no son felices, su insatisfacción se traduce en la calidad de vida que experimentarán los hijos. Lo ideal, aunque sucede muy rara vez, es que la relación entre los padres sea de amistad y respeto, porque un ambiente adecuado entre ellos facilitará el equilibrio mental del niño. Por esto mismo, permanecerán en contacto para todo lo que tenga que ver con el crecimiento de los hijos; estarán en el mismo bando para educarlos y ayudarlos a crecer e independizarse.

Para Lucía Álvarez, hablar con sus hijos acerca del divorcio fue muy difícil:

"Ambos hablamos con los niños y les expusimos la decisión tomada haciéndoles sentir que ellos no eran culpables. Por su-

> Los niños esperan que la familia sea su espacio
> más seguro. Ahí encuentran todo aquello que
> les permite crecer y desarrollarse sanos física y
> emocionalmente

puesto, pensaron que eran los causantes y mi hija menor —de siete años de edad— inmediatamente prometió que se portaría bien siempre. Yo pienso que hay que dejarles muy claro que, a pesar de la ruptura, siempre seguirán siendo nuestros hijos y, por lo tanto, el contacto continuará como ha sido hasta ese momento con la única diferencia de que uno de los padres ya no vivirá en la casa".

Sobre el divorcio y las consecuencias emocionales que viven los hijos se ha escrito mucho. Sin embargo, llamó mi atención una investigación realizada en Estados Unidos en la que se le ha dado seguimiento a más de 100 hijos de padres divorciados, arrojando resultados que dan al traste con las teorías según las cuales lo mejor para los niños es que sus papás se separen si la convivencia entre ellos es ya imposible.

Desde 1971, la psicóloga Judith S. Wallerstein ha seguido de cerca a decenas de niños y adolescentes, hijos de padres divorciados. En sus primeros estudios, el divorcio aparecía como un azote emocional en la niñez que agrava la crisis de la adolescencia; sin embargo, Wallerstein pensaba que sus efectos, aunque dolorosos, eran transitorios. Los divorciados pronto encuentran pareja, y los hijos, debido a los vaivenes emocionales de sus padres, entienden que la vida no es fácil. Por otra parte, la mancha social del divorcio desapareció, ya que el incremento en las cifras de éste dejó de registrarlo como un conflicto social.

Judith Wallerstein se había dado por satisfecha con su investigación sobre los efectos del divorcio en los hijos. Pero, al paso de los años, muchos de esos niños y adolescentes, ahora adultos entre 25 y 40 años, le pidieron volver a hablar de lo que conversaron con ella durante el divorcio de los padres. En contra de su tesis inicial, comprobó con asombro que, en lugar de esfumarse en una vaga memoria, las heridas del divorcio seguían en carne viva y sus efectos nocivos recrudecidos con el paso del tiempo. Tan lejos estaba de sospechar este resultado, que se vio obligada a escribir un libro de los efectos del divorcio a largo plazo. En su nuevo texto, *El inesperado legado del divorcio* (*The unexpected legacy of divorce*), habla de los mitos sobre los que se fundó la práctica del divorcio y que ella misma aceptó en su estudio original. Mitos como este: "Nos divorciamos para que nuestros hijos no sufran, porque somos muy infelices, nos estamos matando y, si continuamos así juntos, vamos a matarlos también". O este otro: "El divorcio es una crisis pasajera que inflige sus efectos más dañinos en el momento de la separación y luego desaparece". La autora reitera el exacerbado egoísmo de muchos padres de familia y jueces que los solapan y que defienden el divorcio porque piensan que los niños serán más felices si sus padres son más felices, y como los padres serán más dichosos divorciados, el divorcio favorece a los hijos. Wallerstein ahora afirma que un niño prefiere que sus padres estén bajo el mismo techo, aunque no hagan sino pelear entre ellos. La misma posibilidad de la separación llena al niño o al adolescente de confusión y miseria emocional. La razón es que los hijos no se identifican sólo con su madre o con su padre como individuos aparte, sino que se identifican con la relación que tienen los padres entre sí como pareja.

Cuando después de la separación los niños viven solamente con uno de los progenitores, pueden llegar a sentirse responsables de su partida y sienten temor y ansiedad por la posibilidad de que el progenitor que está con ellos pueda desaparecer también.

WALLERSTEIN

Después de tres décadas de investigación, Wallerstein concluye diciendo que el divorcio no es un trauma emocional pasajero, sino que se convierte en el factor determinante de los sentimientos, las actitudes y el crecimiento de la persona. Lo describe en su nuevo trabajo como una experiencia acumuladora, pues su impacto nocivo aumenta con el tiempo y llega al máximo en la edad adulta. Afecta a la personalidad, a la capacidad de confiar, a las expectativas en las relaciones con otras personas, a la capacidad de adaptarse a cambios. El amor, la intimidad, la confianza, el compromiso, quedan seriamente afectados. Por otra parte, Wallerstein señala que jamás ha oído a ninguno de estos individuos defender una filosofía cínica sobre el amor y el matrimonio. Todos desean uniones firmes, duraderas, hasta la muerte; muchos sufren el divorcio de los padres como si estuvieran ellos mismos divorciados y desgarrados por dentro. Todos estos años de estudio empírico han venido a comprobar que la institución familiar no es un capricho religioso o personal, sino una necesidad del humano y de la sociedad.

A pesar de las conclusiones de esta autora y del daño emocional que se les provoca a los niños cuando sus padres se separan, es una realidad innegable que el divorcio existe y, más aún, que las cifras crecen. De acuerdo con datos del INEGI, tan sólo durante el año 2007 se registraron 70 184 divorcios en México. Éstos son los datos oficiales, los cuales no incluyen las separaciones ni los abandonos que no constan en las actas del registro civil.

Frente a la contundencia de los hechos reflejados en las cifras, lo que debemos plantearnos es cómo hacer para que nuestros hijos no queden tan afectados emocionalmente a causa del divorcio. Algunos abogados afirman que una buena alternativa sería que, cuando los chicos tienen capacidad de decisión —es decir, a partir de los 11 o 12 años—, se les permita escoger el tiempo que pasarán con cada uno de sus progenitores. De esta manera dejarán de sentirse como paquetes que van de un lugar a otro sin siquiera ser consultados.

En el pasado, las leyes estipulaban el divorcio sólo en casos determinados, tales como la infidelidad y el maltrato físico, y cuando había mutuo acuerdo. Estas leyes antiguas, a menudo, eran vistas como una carga financiera y emocional para las parejas en proceso de divorcio, lo que condujo a la introducción del divorcio sin culpa a finales de la década de 1960 y principios de la de 1970.

GRUBER

En Canadá, Estados Unidos y algunos países europeos, se ha tratado de suavizar el impacto negativo del divorcio para todos los miembros de la familia, con la puesta en práctica de la mediación en el divorcio. Cabe señalar que en México empieza a extenderse esta alternativa que no sustituye al proceso jurídico, pero prepara a los cónyuges para evitar los enfrentamientos ya que concibe a la pareja como un sistema en conflicto y no como dos partes que se deben tratar como enemigas.

De acuerdo con Bertha Mary Rodríguez Villa, licenciada en Trabajo Social y una de las principales impulsoras de esta alternativa de la mediación en México, los procesos de divorcio se han abordado casi exclusivamente desde el punto de vista legal sin tomar en consideración los efectos colaterales que viven las personas involucradas. Expone:

No se reconoce la necesidad de hacerlo y los abogados rara vez incluyen en su formación el desarrollo de habilidades para enfrentar el cúmulo de sentimientos que se generan en la pareja y que, en la mayoría de las ocasiones, impide su participación plena en la toma de decisiones y en la determinación de acuerdos duraderos que les permitan reorganizar satisfactoriamente su vida y la de su familia.

Rodríguez aclara que la mediación no es una terapia psicológica para los esposos que quieren resolver sus diferencias conyugales. Se trata de un proceso voluntario, práctico, flexible, privado y confidencial que ayuda a las parejas a aceptar el divorcio de manera emocional y a procesar y resolver los sentimientos generados por el rompimiento, paralelamente a la solución de los asuntos prácticos de la separación.

Los niños esperan que la familia sea el espacio más seguro para ellos. Ahí encuentran todo aquello que les permite crecer y desarrollarse sanos física y emocionalmente, por eso cuando hay un divorcio, por más doloroso que sea para los padres, los hijos no entienden de razones por su misma condición de niños.

Los especialistas en psicología infantil afirman que entre las reacciones que pueden presentar los niños frente al divorcio destacan los sentimientos de culpa. La mayoría de las mamás divorciadas con las que hablé, afirma que los hijos, frente a su nueva situación familiar, piensan que si ellos se hubieran portado bien o hubieran sido más cariñosos, sus padres no habrían tenido tantos problemas. Los pequeños pueden atravesar por periodos de miedo, y este sentimiento puede relacionarse con la idea de ser abandonados, con los cambios en el estado financiero que sigue al divorcio; con la posibilidad o realidad de cambiar de casa o de escuela; con el temor de no ver jamás al padre que se va; con la preocupación por cómo se llevarán con ambos padres, o con quién vivirán.

"Cuando Juan Luis y yo nos divorciamos, mi hija mayor, Elisa, de 11 años de edad, tuvo unas regresiones bastante severas. Le da-

La mediación familiar es una alternativa para no descuidar la atención de los hijos y prevenir la desintegración familiar

ban ataques de pánico tremendos e incluso su pediatra le tuvo que mandar unas gotas para que pudiera dormir tranquila. Durante todo ese tiempo me sentí profundamente culpable con mis hijos, pero también sentí que si ellos se daban cuenta de mis sentimientos iban a sentirse más inseguros", relata Estela Farías.

Los niños también pueden manifestar sentimientos de enojo porque sus padres no pudieron mantener a la familia unida, o con ellos mismos por ser "malos" y causar el divorcio. Asimismo, pueden sentir que la vida es injusta o que están siendo castigados por algo. El enojo puede dirigirse a los padres, a la escuela, o puede expresarse como sentimientos negativos generales. Los niños pueden ponerse más agresivos, menos cooperativos, o quizás aislarse cuando intentan ajustarse a los cambios.

Los pequeños que tienen menos de seis años no comprenden lo que significa el divorcio. No pueden entender que normalmente quiere decir que su mamá y su papá no volverán a estar juntos.

"Los sentimientos de tristeza de mi hijo fueron lo más difícil que tuve que enfrentar cuando me divorcié. Estaba especialmente sensible, ausente, lloraba por todo. Creo que aún extraña mucho a su papá a pesar de que lo ve cada 15 días durante el fin de semana completo", reconoce Claudia Martínez.

Con todo y que yo no era una niña de siete años, uno de los peores momentos de mi vida fue cuando mis padres se divorciaron. Tendría 20 años y para mí fue un golpe terrible, recuerdo que me enfermé y pasé varios días en cama. Había somatizado aquel dolor. Eran sentimientos muy confusos. Por un lado pensaba que ya era lo suficientemente adulta como para enfrentar la situación, pero por otra parte aquella imagen de mis padres unidos se derrumbaba, destruyendo mi idea de lo que era la familia. Hoy que lo veo a la distancia puedo entender lo que significa para un niño que sus papás se divorcien. Lo más difícil de entender era que, según mis hermanos y yo, mis papás pasaban por una de sus mejores épocas. Cuán alejados de la realidad estábamos. Ellos no se peleaban, no se gritaban, no se insultaban, pero tampoco podían vivir juntos. Creo estar de acuerdo con algunos autores que afirman que cuando alguien proviene de una familia de padres divorciados, defiende su matrimonio hasta con las uñas. De mis siete hermanos solamente la mayor está divorciada.

Especialistas de la Escuela Nacional de Trabajo Social de la UNAM María de Lourdes Sánchez Islas y Araceli Pedroche Cruz:

> Los hijos de padres divorciados se enfrentan a un grave conflicto durante el proceso de separación porque no se les explica la situación que se vive ni lo que ocurrirá a futuro. Como consecuencia, sufren depresiones, actúan con agresividad y, en el caso de los que están en edad escolar, tienen bajo rendimiento.

Las especialistas en divorcio consideran fundamental que los infantes no sean utilizados y se les aclare que, aunque estén separados, los padres continuarán cerca de ellos para protegerlos y apoyarlos. Los progenitores deben tener una relación cordial y, por lo menos, no discutir frente a los niños; además, es conveniente que lleguen a acuerdos acerca de los límites y las normas que se aplicarán, y cómo funcionarán las reglas dependiendo si están con el padre o con la madre.

El ambiente de inseguridad que rodea al niño cuando hay un divorcio puede ser suavizado con una actitud positiva por parte de los padres. Ésa es precisamente la función de la mediación familiar. Durante el tiempo que dura este proceso los niños ocupan un lugar muy importante ya que los cambios que ocurren en la familia los afectan directamente y si no se habla con ellos, no entenderán los conflictos entre sus papás.

Bertha Mary Rodríguez explica que los padres en vías de divorcio pueden tener muchas dudas respecto a qué decirles a sus hijos y cómo conducirse frente a ellos en esta nueva situación, pero su tarea es anticipar y entender los sentimientos y necesidades que los niños experimentan durante la separación, igual que ayudarles a ajustarse a los cambios. "Es importante dosificar la información de acuerdo a las inquietudes que vayan surgiendo para darles tiempo de comprender y asimilar los sucesos", recomienda Rodríguez.

"Hubo tanta confusión en el momento de mi divorcio que en lo que menos me detuve a pensar fue en la seguridad emocional de mis tres hijos. No podía pensar con claridad, me sentía triste, enojada, frustrada. Además, me quedaba sola con la responsabilidad económica", expone Beatriz Gallardo.

Actualmente el divorcio es aceptado socialmente gracias a factores tales como la pérdida de la influencia de la religión o del resto de la familia, así como a la agilidad de las leyes.

Anónimo

Una de las formas para evitar no descuidar la atención a los hijos es la mediación familiar.

La organización canadiense Family Mediation, en su guía para consumidores (Bertha Mary Rodríguez y Ma. Teresa Padilla de Trainer: *Mediación en el divorcio: una alternativa para evitar las confrontaciones*) recomienda que para afectar lo menos posible a los niños, los padres que atraviesan por un proceso de divorcio deben estar muy atentos a las necesidades especiales de ese momento.

Conviene que ambos escuchen con paciencia a los pequeños. Un niño puede necesitar que se le diga y se le convenza de que no había nada que él pudiera haber hecho para prevenir la separación y puede necesitar también hablar acerca de esto una y otra vez. Lo mejor para los padres es armarse de paciencia.

Los infantes necesitan un tiempo especial con cada uno de sus padres. Esto no significa que por la carga de culpa que traen consigo, hagan todo lo que al niño se le ocurra. Quiere decir que los padres deben observar y estar alertas a las necesidades del chico y darle un espacio propio. Hay que dejarlo hablar, darle confianza y seguridad, permanecer en la medida de lo posible con una rutina que le sea conocida al pequeño. Cuando la pareja discuta, conviene que no sea frente al niño. No hay que permitir que esas escenas de enojo, malestar y violencia física o psicológica lo acompañen. Tampoco hay que ponerlo a elegir de qué lado está.

El procedimiento judicial del divorcio distorsiona la realidad; no sólo va en detrimento de una solución más rápida y económica de los conflictos, sino que deja sin resolver la auténtica raíz del conflicto, y la comunicación entre las partes permanece en manos de profesionales especializados en el tema y escapa al control de los litigantes.

SINGER

Es importante permitir que los niños formen parte del proceso familiar de tomar decisiones. Para un niño pequeño esto puede ser tan simple como decidir qué van a desayunar, y para un adolescente, el participar en la búsqueda de casa o de escuela.

La introducción de cambios en la rutina cotidiana debe ser paulatina. Así, por ejemplo, si el papá tiene una pareja nueva no es válido pedir al niño que la acepte de inmediato.

Los niños son leales a ambos padres y muchos de ellos los utilizan para obtener información del ex cónyuge; eso afecta mucho emocionalmente al chico ya que se siente comprometido de no fallarle a ninguno de los dos. Por eso, mejor evitemos usar a nuestros hijos para obtener cualquier tipo de información. No los obliguemos de manera inconsciente a convertirse en nuestros aliados.

Bertha Mary Rodríguez señala que el divorcio es parte de la vida y la pareja debe reunirse para explicárselo a sus hijos. De esta manera, la situación puede convertirse en una oportunidad para madurar o una experiencia muy negativa.

Con la ayuda del mediador familiar la pareja decide cuándo y cómo separarse, desarrolla los planes de custodia y visitas de los hijos; divide sus bienes y sus deudas, y toma decisiones acerca del apoyo económico a los hijos menores y otros asuntos de importancia familiar. Aunque en México apenas empieza a conocerse, se trata de una alternativa con más de 30 años de éxito en Canadá y Estados Unidos.

Cabe señalar que las condiciones en las que se da el divorcio de una pareja afectan de distinta forma a los hijos. No es lo mismo divorciarse a gritos y sombrerazos que aceptar y comprender que esa etapa cierra un ciclo.

La licenciada María Rosa Glasserman, especialista en violencia familiar, distingue dos tipos de divorcio: como etapa del ciclo vital y como un proceso destructivo o difícil.

"En los llamados divorcios difíciles o destructivos los adultos no protegen a sus hijos del conflicto que se produce, ni los cuidan de la desorganización familiar. Hay adultos que llegan a reclutar a sus propios hijos para que tomen partido en esta 'disputa'; o bien se desligan de sus responsabilidades, ya sea en el área de la educación o en la crianza de los niños. Otros no cumplen sus tareas parentales. Las peleas y desacuerdos son permanentes. Sobresale la necesidad de ganar y denigrar al otro. Hay intermediarios litigantes. El contexto que rodea a la familia es el judicial. En los

> **Es importante permitir que los niños formen parte del proceso familiar de tomar decisiones**

divorcios como etapa del ciclo vital se da el cuidado y protección de los hijos. Las peleas y desacuerdos se hacen presentes sólo en la primera fase del divorcio. Las pérdidas producen dolor, pero son aceptadas. Los intermediarios no son litigantes, sino amigos o familiares. Los miembros de las familias nucleares prácticamente no se involucran, y los límites con el mundo externo son muy claros". Evidentemente, en esta última situación, la separación no resulta tan agresiva para los niños.

> Cada ex cónyuge debe mantenerse intensamente involucrado con sus hijos a la vez que encuentra intimidad dentro de otros marcos. Se debe enfrentar a variados tipos de sentimientos como son la ira, la culpa, el sentimiento de pérdida, el alivio. Es necesario conservar o recuperar la confianza en sí mismo para poder enfrentarse a las necesidades de sus hijos sin la compañía de su cónyuge.
>
> Díaz Usandivaras

Desde el punto de vista de la psicóloga Aurora Jaimes, el divorcio, de acuerdo con las condiciones en las que se dé, afecta a los hijos pero pueden superar sus conflictos dependiendo de las características propias de su personalidad y de su medio. Asimismo, influyen las siguientes variables:

▶ La edad y el nivel de desarrollo del chico antes del divorcio.
▶ La naturaleza del ambiente y las interferencias de desarrollo antes del divorcio.
▶ La capacidad y la habilidad de los padres para mantener al niño fuera de las hostilidades del matrimonio y del divorcio.
▶ Las características de personalidad del padre, con y sin la custodia.
▶ El apoyo de otros miembros de la familia y amigos cercanos, en los que el niño pueda confiar y que en ocasiones puedan apoyar al padre con la custodia.

Pero sea el divorcio el fin de un ciclo vital o el de una guerra entre un hombre y una mujer que no pueden vivir juntos, lo cierto es que es necesario que cuidar a los niños: proteger su seguridad, aceptar su inestabilidad, su enojo, su confusión y, sobre todas las cosas, hacerles entender que no están solos y que no son culpables.

Algunas reacciones que presentan los niños frente al divorcio

De los dos años y medio a los cinco: regresión, trastornos del sueño, irritabilidad, angustia de separación, solicitud de contacto físico, inhibición de los juegos, temor al abandono, sentimientos de responsabilidad por la separación.

De los cinco a los ocho años: tristeza, sollozos, sentimientos de rechazo, nostalgia por el padre que se va, fantasías de retorno del padre ausente. Disminución del rendimiento escolar. Temor a ser expulsado.

De los nueve a los 12 años: renuencia a hablar de sus problemas, sentimientos de intensa ira contra uno o ambos padres, bajo rendimiento escolar, deterioro de las relaciones con los compañeros, puede ser fácilmente captado como aliado por uno de los padres.

Adolescencia: depresión, ausentismo escolar, actividad sexual, abuso de alcohol y drogas. Intentos de suicidio.

Tomado de www.bbmundo.com

Preguntas

El divorcio es una de las situaciones más difíciles de enfrentar para la pareja, pero también para los niños, quienes ven, en un abrir y cerrar de ojos, derrumbado su mundo. Analicemos:

1. Si me encuentro en un proceso de separación o divorcio, ¿me he preguntado si las verdaderas razones no tienen una solución?
2. ¿Mi pareja y yo estamos conscientes de lo importante que es nuestra relación afectiva para la seguridad de nuestros hijos?
3. Si me encuentro en proceso de divorcio, ¿he pensado en la posibilidad de recurrir a alguien más para que, aunque no solucione nuestros problemas nos ayude a enfrentarlos de la manera menos violenta posible? En este caso podría pensarse en un mediador familiar.
4. ¿Cómo es mi relación afectiva con mi cónyuge? ¿Somos pareja o nuestra unión se debe a que somos los papás de...?
5. ¿Cómo era la relación entre mis padres? ¿Reproduzco algunas conductas con mi pareja?
6. ¿Qué pienso del divorcio? Desde mi punto de vista, ¿es la única salida a los conflictos matrimoniales?

Capítulo cuatro

Hablemos de dinero con los niños

Hablar con los niños acerca de dinero puede ser un tema que aparentemente no tiene nada que ver con la seguridad física o emocional de los chicos. Sin embargo, en la actualidad la cuestión financiera se ha convertido en un aspecto problemático para muchas personas y, si queremos que nuestros hijos adquieran buenos hábitos, una de nuestras responsabilidades como padres radica en enseñarles el valor del dinero: cómo conseguirlo, cómo ahorrarlo, cómo utilizarlo. Por supuesto, no se trata de dejar en sus manos las finanzas familiares, sino de darles elementos suficientes para que ellos, cuando sean mayores, puedan enfrentar con conocimiento todo lo relacionado con el manejo de su patrimonio. El mundo que les está tocando vivir seguramente requerirá que, después de los 15 años, cuenten con una tarjeta de crédito o sean capaces de ir a un banco a realizar ciertas transacciones.

La globalización económica y financiera es una realidad, entonces conviene prepararlos para entrar a ese nuevo orbe con suficiente información acerca del manejo del dinero y las finanzas. Por otra parte, todos sabemos que los niños son víctimas permanentes de la publicidad. Enseñémosles a no gastar en cosas que no necesitan; que aprendan a distinguir entre lo importante y lo innecesario; que comprendan que el dinero no se regala en las esquinas, y que en este sistema económico en crisis permanente, conviene siempre estar un paso adelante y volvernos previsores.

Si usted gasta el dinero a diestra y siniestra, o bien trata de ahorrar hasta el último centavo, no le quepa duda que sus hijos terminarán copiándolo y adquirirán una idea errónea sobre éste.

YOUNG

La responsabilidad financiera comienza en casa, los padres somos ejemplo para los niños del manejo del dinero. Algunas veces lo hacemos inculcando el uso de un presupuesto semanal para sus gastos, algunas más mediante la práctica del ahorro, y en otras ocasiones lo hacemos de manera indirecta conversando acerca del tema frente a ellos.

Empecemos por el principio

Lo más importante es definir cuáles son nuestras prioridades y qué mensajes transmitimos a los niños acerca de este tema.

Debemos ayudarles a entender el valor del dinero: preguntémosles qué es lo que más desean y en qué utilizarían su dinero. Ya establecidos los principales gastos, podemos mostrarles la importancia de cuidar el dinero, de saberlo intercambiar por bienes y servicios y lo que realmente vale.

La responsabilidad financiera comienza en casa; los
padres somos ejemplo para los niños del manejo
del dinero, algunas veces lo hacemos inculcando
el uso de un presupuesto semanal para sus gastos,
algunas más mediante la práctica del ahorro, y en
otras ocasiones lo hacemos de manera indirecta
conversando acerca del tema frente a ellos

Es conveniente conversar con nuestros hijos de lo que debemos
hacer para ganar dinero y explicarles que los beneficios del mismo
son los que solventan los gastos de la casa, como comida, ropa
y otras necesidades; invitémoslos a nuestro lugar de trabajo
para que entiendan exactamente qué es lo que hacemos y la
conexión que existe entre el trabajo y el dinero.

Uno de los aspectos básicos para que el niño desarrolle
buenas habilidades en el manejo del dinero es que comprenda
la diferencia entre necesidades y deseos. Estas bases evitarán
que el pequeño tenga problemas al controlar sus gastos cuando
sea adulto.

Muchas mamás premian a sus hijos con una pequeña cantidad
de dinero cada vez que éstos realizan una labor doméstica y así
aprovechan para inculcar en los niños conceptos como el de trabajo y remuneración. Algunos psicólogos infantiles no comparten
mucho esta práctica porque consideran que los quehaceres del
hogar son obligación de todos y cada uno de los miembros de la
familia y no hay razón para retribuirlos.

Para otros padres de familia lo importante es alentar a los niños a ahorrar.

"Yo animo a mi hijo Santiago, de nueve años de edad, a que
ahorre el dinero que recibe para que pueda adquirir aquel juguete
que tanto anhela", relata Rocío Verduzco.

Para otros padres, es importante enseñar a sus pequeños cómo incrementar el ahorro y que más tarde éste se pueda convertir en una inversión. Cuando tratamos con jóvenes adolescentes, seguramente deseamos que comprendan acerca del uso responsable de una tarjeta de crédito y entiendan que no es dinero gratis, que con ésta se debe comprar solamente lo que se pueda pagar. Una tarjeta de crédito no debe ser el sustituto del dinero para adquirir productos innecesarios o muy costosos.

Enrique Calderón, experto en finanzas familiares, afirma que es menester considerar que vivimos en una sociedad de consumo, la cual invita a todos los seres humanos a gastar. Habitamos un mundo en el que el mercado hace uso de los medios de comunicación masiva para incitar a la gente a comprar toda clase de productos que, supuestamente, se necesitan para ser feliz o estar a la moda. A la economía de mercado le ha resultado esencial el uso de los medios de comunicación para la promoción de sus productos, pero esto ha tenido como efecto la transformación de la sociedad en una de consumo.

El principal valor del dinero es que vivimos en un mundo en el que se le sobrestima.

Mencken

La población infantil no era objeto de interés por parte de ningún anunciante hasta que los medios de comunicación centraron su atención en ella. Los infantes son consumidores en potencia a los que se puede manipular fácilmente con ayuda de la publicidad; ésta ha llegado al extremo de ofrecerles toda una serie de artículos específicos para su edad: los productos que se ofrecen a los adultos tienen también su versión para niños, como son jabones, champús, lociones, etcétera. Esto sin mencionar el excesivo número de juguetes que la misma publicidad pone de moda con cada nueva película o programa de televisión, explica Calderón.

La formación que recibimos en la niñez es la base de la manera en que llevaremos la vida adulta, lo que aprendemos y vivimos en esa edad delinea nuestro futuro. Hay que aceptar entonces que debemos adquirir buenos hábitos monetarios a temprana edad.

Los niños son capaces de entender el concepto del dinero desde los cuatro años. Durante esa etapa pueden establecer una relación entre el valor de una moneda y lo que ellos, en su mundo, pueden conseguir con ésta. Sin embargo, menos de 40% de los padres habla acerca del dinero con sus hijos.

Laura Bracho, mamá de Fernanda de un año de edad, y experta en asuntos financieros, asegura que en la mayoría de las familias el dinero se maneja como un secreto. Es un tema intocable. A veces es mejor no estar al tanto de cuánto recibe cada quién y se piensa que nadie tiene derecho a saberlo. La forma de distribuir el dinero y cubrir los gastos de la casa se resuelve como por arte de magia. Se considera que lo más importante es conservar la armonía de la relación familiar para mantenerla sana, y que los temas referentes al dinero siempre la empañan. Tal vez esto no debería ser así. Finalmente toda la familia participa de los gastos que se hacen en la casa, por lo que es primordial que todos se involucren en los asuntos del dinero.

El tema de si se les debe enterar o no a los niños de los asuntos económicos de la familia es muy controvertido. Pero considero conveniente que toda la familia participe en el aprendizaje de la administración del dinero. Antes de iniciar la titánica labor recordemos que, como en la enseñanza de cualquier cosa, la comunicación, la honestidad y la paciencia son los factores más importantes cuando se trata de transmitir a los niños cómo administrar el dinero.

Los niños son capaces de entender el concepto del dinero desde los cuatro años de edad

Daniel y Lucía tienen la mala costumbre de pedir todo cuanto se cruza en su camino, pero también ya se acostumbraron a mis negativas.

—Mamá, ¿por qué siempre me dices que no?

—Daniel —le contesto—, ¿por qué tienes el hábito de pedir todo lo que no necesitas?

Si bien no queda muy convencido con mi negativa, por lo menos lo hago pensar y ya después reconoce que no necesitaba lo que me había solicitado. Con Lucía las cosas son distintas, pide poco pero no se queda tranquila hasta que se le compra, y su solicitud puede durar meses. Por ejemplo, lleva más de tres meses pidiéndome que le compre la última versión del Game Boy Advanced y sé que voy a terminar comprándoselo.

Los padres deben entender sus propias actitudes y sentimientos acerca del dinero y el impacto que estas actitudes tienen en la forma en la que ellos ahorran, gastan y manejan el aspecto financiero de la familia.

GURNEY

Mi marido y yo no logramos ponernos de acuerdo acerca de si es conveniente hablar de dinero o no con los niños. Ambos crecimos en familias en las que las cuestiones económicas se resolvían, como dice Laura Bracho, como por magia divina. Por supuesto, sabíamos que nuestro papá era el proveedor, pero si faltaba dinero o si la familia se veía en apuros financieros, nosotros nunca nos enterábamos. Claro que las cosas eran distintas, no había tanta publicidad dirigida a los infantes y, en mi caso, éramos tantos hermanos que mis padres ni tiempo tenían de escuchar el sinfín de peticiones de juguetes o dulces.

Considero inconveniente hablar con los hijos menores de 15 años de los problemas económicos familiares, cuando los haya. Pero me parece una buena idea enseñarles, desde pequeños, que el dinero cuesta trabajo ganarlo y que el banco no lo regala. Recuerdo una anécdota con mi hija, quien insistía en que si yo no tenía dinero para comprarle el juguete que me pedía, fuéramos al cajero automático: "Ahí te dan dinero", me decía.

Cada familia debe determinar la situación particular en la que se encuentra y los objetivos que pretende lograr. Así se tendrán que fijar ciertas metas que irán alcanzándose paulatinamente con la participación de todos.

Lograr inculcar en nuestros hijos el buen hábito del ahorro podría ser un comienzo para fomentar una cultura del dinero dentro de la familia. Nunca hay una edad temprana para que los niños comiencen a aprender acerca de la realidad económica que viven y otros temas relacionados con el dinero.

Usemos el sentido común

Cuántas veces hemos escuchado las siguientes peticiones:

"¡Yo quiero ese juguete!", grita Valeria, una niña de tres años, en el centro comercial.

"Pero mamá, mis compañeros de escuela usan tenis Nike. ¡No éstos!", reclama Alexis, de nueve años.

"¡Papá, si me prestas el dinero para los patines, te pago después", promete Mariana, de 13 años.

Sin duda alguna todos los padres enfrentamos problemas de dinero con los hijos. Esto puede causarles frustración y generar penosas situaciones públicas. Sin embargo, existen algunos pasos específicos que podemos tomar para ayudar a los niños a comprender que el dinero no está disponible en forma ilimitada, que debe ganarse con el trabajo y que gastarlo implica elegir entre diversas alternativas.

Los jovencitos pueden tener tantas ideas equivocadas de la procedencia del dinero como las tienen acerca del origen de los bebés.

ANÓNIMO

Leticia Ávalos, normalista, psicopedagoga y profesora de tercer año de primaria, asegura que desde los tres años, la mayoría de los niños puede identificar ciertas monedas, comprender que el dinero se usa para hacer compras en la tienda, y que debe guardarse en un lugar seguro.

Los niños empiezan a estar listos para aprender las nociones básicas: ahorrar, gastar, ganar y pedir prestado. A medida que maduran, podemos darles más información.

Los psicólogos infantiles afirman que la forma más fácil de enseñar al niño acerca del dinero es hablando del tema. Cuando hagamos nuestras propias decisiones financieras, tratemos, en la medida de lo posible, de involucrar al chico. Una visita al cajero automático a retirar una cantidad es una ocasión para hacerle ver que estamos haciendo uso de un dinero que tenemos guardado en el banco.

Otra visita al supermercado nos puede ayudar a explicarle que hay que pagar por los bienes que consumimos y que, además, hay diferencias en los precios de un mismo producto. Si pagamos con tarjeta de crédito es una buena oportunidad para decirle que nos va a llegar un aviso por correo para decirnos cuánto tenemos que pagar por haberla usado.

Ya sabemos que el dinero no es lo más importante en el hogar, pero cómo ayuda.

Anónimo

También podemos aprovechar para enseñar a los niños, desde temprana edad, la importancia del ahorro: podemos regalarles una alcancía o abrirles una cuenta bancaria y que ellos reciban sus propios estados de cuenta. Todo lo que el niño sea capaz de comprender dependerá, como ya se señaló antes, de su edad.

Teresa Castañeda, mamá de Emilio, Montserrat y Alejandro —12, nueve y siete años— afirma que más que enseñar a los niños a ahorrar —que en estos tiempos ya es muy difícil—, es mejor enseñarles a no consumir.

"Yo hablo con mis hijos antes de entrar a una tienda o supermercado y establezco claramente las reglas del comportamiento que deben guardar en el lugar. Cada vez que me piden algo les pregunto que para qué lo necesitan y esa estrategia funciona porque los dejo sin respuesta", señala.

El experto sugiere

Podemos empezar a fomentar la cultura financiera desde la infancia, poniendo en juego nuestra capacidad como narradores de cuentos infantiles que se nos ocurra inventar. Además de ser un sano ejercicio para los adultos, los niños disfrutarán los "cuentos con moraleja financiera" que se vayan construyendo, tomando como temas para la narración: la necesidad de ahorrar, la previsión de riesgos, la administración del presupuesto familiar, entre otros tantos más.

Tomado de www.masefectivo.com

Actualmente no existe ningún programa académico que incluya nociones de administración del dinero o aspectos para adquirir una cultura financiera, por eso la casa es el lugar ideal para ayudarlos a convertirse en buenos organizadores de las finanzas. Además, si somos los padres quienes quedamos a cargo de esta tarea, les enseñaremos actitudes y valores acordes a nuestros estándares familiares.

De acuerdo con una encuesta de conocimientos financieros llevada a cabo cada año por la empresa estadounidense Jumpstart Coalition, se encontró que los adolescentes a quienes sus padres les habían hablado acerca del dinero y el manejo del mismo, sabían más de este aspecto que los adolescentes promedio que fueron encuestados.

El experto sugiere

Sacar tres o cuatro monedas de 50 centavos o de 1, 2, 5 y 10 pesos. Explicar cuánto vale cada moneda y luego comenzar a mezclar y hacer combinaciones diferentes con las mismas. Debemos mostrarles cómo sumar los valores de las monedas. Empecemos con las de 50 centavos, luego con monedas de 1 y de 2 pesos. Conforme se vuelvan más diestros en cada nivel, usemos monedas de 5 pesos y, finalmente, de 10. Después de que nuestros niños "se gradúen" dejémoslos usar sus destrezas en el mundo real. Esperemos la oportunidad cuando vayamos con suficiente tiempo y no haya nadie detrás de nosotros en la caja de una tienda de autoservicio o en el mercado. Que sean ellos quienes paguen todo o solamente sus artículos. Después hagamos que cuenten el cambio.

Tomado de www.practicalmoneyskills.com

Como padres de familia, muchas veces acusamos a nuestros hijos de pensar que el dinero se da en árboles o, más bien, en cajeros automáticos. Muchas mamás entrevistadas coincidieron en que nunca han hablado con sus hijos de la importancia de saber manejar las finanzas. Sin embargo, tampoco les han aclarado que en los cajeros no lo regalan, por lo que los pequeños piensan que esa máquina da dinero a todo aquel que se lo pida. Por eso, nos sugiere Leticia Ávalos, no debemos olvidar lo necesario e importante que es explicar al niño que sólo podemos sacar dinero de un cajero o de un banco cuando aquél ha sido previamente depositado por nosotros en una entidad bancaria y lo guardamos ahí para tenerlo seguro.

Como padres, tenemos la responsabilidad de enseñarles a nuestros hijos a que valoren el dinero debidamente, para que no se conviertan más tarde en unos adultos derrochadores o avaros. Si los niños aprenden a usarlo debidamente y comprenden que no es algo misterioso que controla la vida, sino un medio que los ayudará a existir, tendrán una gran ventaja.

YOUNG

También, podemos iniciar a nuestros hijos en el mundo de la cultura financiera, en primer lugar, haciéndoles entender la diferencia entre deseo y necesidad, y explicarles que el dinero nos permite adquirir las cosas que necesitamos: un techo bajo el cual vivimos, alimento, ropa y servicios médicos. El dinero también compra muchas de las cosas que queremos y no hay nada de malo en querer juguetes o ropa bonita; sin embargo, éstos más bien son sólo deseos, los cuales no pintan como indispensables en nuestra vida. Asimismo, deben tener muy claro que el dinero se gana trabajando y que, antes de comprar cosas finas y elegantes que no necesitamos, primero pagamos para satisfacer las necesidades, y luego ahorramos algo de lo que sobra (si es que sobra) para adquirir algún producto que nos guste.

> Inculcar en nuestros hijos el buen hábito
> del ahorro podría ser un comienzo para ir
> fomentando una cultura del dinero dentro de la
> familia

Respecto al ahorro, conviene que los chicos sepan que es necesario hacerlo porque siempre hay imprevistos —enfermedades, autos descompuestos, problemas en la casa, etcétera—. También ahorramos para otras cosas que nos gustaría comprar en el futuro pero para las cuales no tenemos el suficiente dinero todavía, tales como un automóvil nuevo o unas vacaciones.

Todos, como papás, alguna vez nos hemos enfrentado a la escasa tolerancia de nuestros hijos cuando no le damos rienda suelta a sus demandas de algún producto innecesario. Prediquemos con el ejemplo: en alguna oportunidad que tengamos y haciendo todo lo posible para que ellos se den cuenta, hay que decirnos "no" a nosotros mismos: "No me voy a comprar esos cosméticos porque realmente no los necesito, aunque me gustan mucho", así el niño sentirá que no es el único que tiene que frustrarse, sino que, como padres, tampoco podemos tener todo lo que queremos.

Hace un par de meses acudí a una conferencia sobre la importancia de la cultura financiera en los niños en la que el ponente recomendaba enseñarles equivalencias. Por ejemplo, que un producto de lácteos fermentados es más caro que un vaso con leche. Una manzana es más barata que un paquete de papas fritas. Los pantalones cuestan más que un bote con helado. También sugería que pidiéramos a los hijos elaborar una lista de sus necesidades para que ellos clarifiquen en qué gastarán el dinero que se les da. Asimismo, recomendaba hacerlos participar en la elaboración del presupuesto familiar, de un modo adecuado a sus edades. De esa forma descubrirán que los servicios, como el agua, la luz, el teléfono, no son gratis y que hay que cuidarlos.

> *Los niños que crecen como compradores, serán los grandes consumidores del futuro; es probable que en su vida como adultos sean unas personas caprichosas, difíciles de complacer; unos compradores de todo lo nuevo que ofrece el mercado, habitados por un sentimiento de aburrimiento y de sin sentido constante, en la medida en que nada de lo nuevo saciará sus deseos ni llenará sus expectativas.*

BERNAL

Los niños necesitan aprender a manejar el dinero, de esta forma entenderán su importancia en la sociedad actual y se acostumbrarán a realizar un manejo racional y responsable dentro de las diferentes alternativas posibles.

Enseñar a los niños los beneficios del ahorro

Uno de los grandes problemas económicos de nuestro país es la falta de ahorro. La mejor solución a largo plazo para resolver esta problemática es enseñar buenos hábitos financieros a los niños. ¿Cómo interesarlos para que ahorren dinero en vez de gastarlo? A continuación los expertos nos ofrecen algunas sugerencias para niños de diferentes edades.

Con los más pequeños, hablemos del ahorro en términos de coleccionar. De la misma forma que los chicos coleccionan tarjetas de futbolistas, conchas marinas o llaveros, pueden aprender a guardar monedas o billetes. Para los niños en edad preescolar, que quieren manejar y contar su propio dinero, proporcionémosles una alcancía transparente irrompible para sus ahorros. Aunque ellos no puedan ahorrar durante periodos prolongados, poco a poco se arraigará el concepto del ahorro. Peguemos en la alcancía un dibujo o fotografía del artículo que los niños desean comprar para ayudarles a imaginar el propósito del ahorro. Como recompensa, prometámosles una visita a su juguetería preferida, el mercado o la tienda.

En cuanto a los chicos de primaria, relacionemos los beneficios de ahorrar con el tiempo que pasan perfeccionando una habilidad. Preguntémosles:

—¿Qué debes hacer para poder jugar en el partido de beisbol del sábado?

Entrenar durante toda la semana, sería la respuesta. El ahorro, al igual que el entrenamiento o la práctica, es el simple acto de preparase para una necesidad u oportunidad futura. A esta edad, nosotros podemos ser el banco del niño y pagar intereses de acuerdo con la cantidad ahorrada.

Aproximadamente a los nueve años de edad, es posible que el niño esté listo para un objetivo a más largo plazo y pueda manejar una cuenta corriente en el banco, llenar los recibos de depósito, entregar el dinero al cajero y anotar sus depósitos.

Los niños de mayor edad se entusiasmarán al ver aumentar su dinero debido a los intereses que les proporciona el banco. Hagamos un seguimiento con nuestros hijos de lo que ganan mes a mes.

A los adolescentes se les puede motivar ofreciéndoles una recompensa si alcanzan un cierto nivel de ahorro en determinado tiempo. Desafiémoslos a ahorrar 500 o 1 000 pesos en seis meses y digámosles que nosotros contribuiremos con esa misma cantidad de dinero si logran su meta. Se puede aprender a ahorrar a cualquier edad.

Si nuestros hijos nos ven ahorrar, sin duda aprenderán el valor del ahorro

Enseñemos a los hijos a ahorrar desde pequeños. Es un hábito que posiblemente continúen más adelante si les damos el empuje inicial que necesitan para lograr su propia seguridad financiera. Lo más importante, como en cualquier otra área de su desarrollo, es el ejemplo. Si ellos nos ven ahorrar, sin duda aprenderán el valor del ahorro.

Como padres de familia contamos con varias habilidades para que los niños aprendan términos tan importantes como el ahorro, las inversiones, el fruto del trabajo, el valor del dinero o lo que significa un presupuesto. Es decir, el valor de administrar sus propios bienes.

Manejar adecuadamente el dinero implica poder desempeñar funciones básicas en forma independiente y autónoma.

ANÓNIMO

Una manera tradicional de hacerlo es con el "domingo", también llamado "semanario" o "mesada". Con éste, los niños podrán saber cómo administrar sus propios recursos y satisfacer sus necesidades personales. Los psicólogos infantiles señalan que la mejor edad para suministrar ese dinero es después de los cuatro años. A partir de entonces los niños comprenden, aunque muy vagamente, que el dinero es un medio de intercambio y que, a través de él, se pueden recibir cosas. Desde el momento en que los niños nos piden que les compremos algo, se puede empezar a dar "domingo", aunque hay que tener cuidado con cuánto y para qué.

Muchos nos habremos preguntado si es conveniente enseñar a los niños a que se ganen el dinero. Para esta pregunta hay diferentes posturas.

Paulina Alvarado —mamá de Rodrigo, de 13 años, y de Andrés, de 11— afirma que ella cree que sí, puesto que los niños empiezan a conocer el significado del trabajo y la remuneración que trae consigo.

"Creo que eso los hace sentir muy satisfechos", señala.

Por su parte, Mónica Meseguer afirma que el dinero que se les da a los chicos no debe estar sujeto a intercambio alguno, es decir, "se debe entregar periódicamente sin que el pequeño tenga que trabajar para ganárselo. Además, tiene la obligación de realizar algunas labores domésticas sin retribución alguna", asevera.

Coincido con esta última posición. Las labores que el niño debe realizar en casa como parte de su rutina no deben representar compensación económica, son una obligación.

El experto sugiere

Una manera para evitar el consumismo innecesario de nuestros hijos, es que los padres ofrezcamos pagar un interés sobre el dinero que los chicos ahorren, como un aliciente.

Pero también es importante que los padres, además, les cobremos intereses sobre cualquier cantidad adicional a la establecida semanal o mensualmente.

Esta táctica servirá para "abrirles los ojos" en torno a lo caro que resulta pedir prestado. Aprender a gastar con prudencia y a hacer las inversiones correctas, son lecciones que redundarán en ganancias futuras.

Fuente: Centro Nacional de Educación Financiera de Estados Unidos.

Hablar con los niños acerca de aspectos financieros de la vida práctica es importante para su futuro. Fomentemos en ellos la idea de que el valor del dinero no radica en cuánto se tiene, sino en la forma en que éste se maneja.

Preguntas

Pensar en hablar de dinero y finanzas con nuestros hijos puede antojarse como una cuestión absurda porque creemos que los niños no van a entender, ni tienen por qué hacerlo sobre estas cuestiones. Sin embargo, la organización de nuestro presupuesto familiar y nuestra relación con el dinero es algo que les transmitimos tácitamente.
Por eso, preguntémonos:

1. ¿Me he puesto a pensar en mi relación con el dinero?
2. ¿Tengo un presupuesto organizado de los gastos que realizo en el hogar?
3. ¿Les compro a mis hijos todo lo que me piden? Si mi respuesta es afirmativa, ¿por qué lo hago? Y si es negativa, ¿les explico las razones o simplemente les digo que no?
4. ¿Les doy a mis hijos una cantidad de dinero al mes o a la semana? ¿No convendría hacerlo para introducirlos en el mundo del ahorro?
5. ¿Tengo algún ahorro?
6. ¿Saben mis hijos la relación que existe entre el trabajo y el dinero?

Capítulo cinco

Tenerlos seguros en casa

Ningún padre de familia sospecharía siquiera todos los peligros que encierra su hogar. Ese lugar en donde todos nos sentimos protegidos.

Sin embargo, la realidad es muy distinta y los accidentes ocurridos en casa, y que pudieron evitarse, son una recurrente causa de muerte. Entre éstos se encuentran el ahogamiento, las quemaduras con fuego, las caídas, el envenenamiento y las lesiones intencionales.

En todas las naciones, de acuerdo con una investigación realizada por UNICEF, la mayor causa de muerte son los accidentes de tráfico, que representan 41% de todos los fallecimientos infantiles por lesiones en el mundo industrializado.

UNICEF realizó este estudio con el fin de corroborar el compromiso de los países ricos al promulgar leyes que fomenten medidas de seguridad infantil, como la obligación de los pequeños de utilizar casco para andar en bicicleta; la imposición de límites de velocidad en zonas residenciales; la colocación de asientos de seguridad para niños en los automóviles y la oportuna verificación de su uso; la urgencia de que las empresas farmacéuticas presenten sus productos en paquetes con dispositivos de seguridad para que los niños no los abran; la instalación de alarmas de incendio en los hogares, y la promulgación de normas de seguridad en los lugares de juego. El estudio descubrió que en ninguno de los países había leyes que se refirieran a los puntos antes mencionados, y en algunos solamente se habían promulgado leyes sobre tres de ellos. Asimismo, el informe de UNICEF señala que en los países en desarrollo, alrededor de un millón de niños menores de 15 años mueren todos los años a causa de las lesiones que sufren.

La gravedad de esta situación nos obliga como padres, y como sociedad en general, a promover entre los adultos y los niños una cultura de protección y cuidado de la vida.

Fuente: Fondo de las Naciones Unidas para la Infancia (UNICEF).

En México, de acuerdo con estadísticas del Centro Nacional para la Prevención de Accidentes (Cenapra), las lesiones por causa externa conocidas como accidentes, constituyen un problema de salud pública que tiene repercusiones en el ámbito individual, familiar y social. En 1999 (última actualización) se registraron 35 690 defunciones por esta causa, representando 8.3% del total de muertes en nuestro país, lo que se traduce en un fallecimiento cada 15 minutos.

La seguridad infantil en casa

"Mi casa es el lugar en donde me siento mejor porque ahí están mis papás que me cuidan", asegura María José Sandoval, de nueve años de edad.

Para José Marcos Bustillos, su casa es el lugar más seguro porque sabe que ahí no le va a pasar nada: "Ahí nadie me va a pegar, ni a machucar, ni me va a robar", afirma.

A la pregunta "¿Dónde es el lugar en el que te sientes más seguro?", realizada a una pequeña muestra de aproximadamente 100 niños cuyas edades oscilan entre los ocho y 10 años, todos contestaron que su casa.

Todos los padres de familia sabemos que la seguridad física de nuestros hijos es cosa seria. Sin embargo, cotidianamente, en todos los rincones del planeta, hay decenas de niños accidentados por causas que, sin lugar a dudas, pudieron evitarse.

Tan sólo en Estados Unidos, datos de la Campaña Nacional para la Seguridad de los Niños, registra casi diario un promedio de 35 mil infantes seriamente lastimados que requieren tratamiento médico y cuyas heridas pudieron evitarse.

En México, médicos adscritos al Instituto Nacional de Salud Pública (INSP) realizaron una investigación acerca de los accidentes caseros. Los resultados muestran que los niños de sexo masculino (62%) y el grupo de entre uno y dos años de edad (37%) son los más afectados (Martha Hijar, Rafael Lozano *et. al, Accidentes en el hogar en niños menores de 10 años. Causas y consecuencias*).

Dentro del tipo de lesión accidental y sus causas destacan, en los tres primeros lugares: las contusiones, las heridas en la cabeza y las fracturas producidas por caídas (de un nivel a otro, principalmente desde las escaleras y de la cama, y las caídas del mismo nivel, por resbalón, tropezón o traspié).

Las quemaduras con líquidos hirvientes (el agua para preparar el baño es la más frecuente) son otro gravísimo accidente común en los hogares. El doctor Guillermo Ortiz señaló recientemente que el número de casos de niños quemados va en ascenso. Tan sólo en el Estado de México la cifra es de 200 cada mes.

Según la investigación mencionada, de los casos registrados, 15% de los niños lesionados contaba con antecedentes de accidentes, y 39% se presentó para recibir atención médica después de una hora de ocurrido el accidente; de este porcentaje, 51% requirió hospitalización.

Todo hogar debe contar con un botiquín de primeros auxilios que incluya los medicamentos y accesorios básicos para utilizarse en caso de emergencia.

ZURBÍA

Los factores de riesgo que se presentaron con más frecuencia fueron: falta de protección en los enchufes (40%); productos tóxicos que se encontraban al alcance de los niños: de limpieza (38%), cosméticos (34%), bolsas de plástico (30%) y herramientas (30%); por ausencia de barandal de protección en las cunas (30%) y en las escaleras (48%) y por acceso libre a la azotea (44%). En 62% de los casos se proporcionó algún tipo de auxilio en el hogar al niño lesionado; 26% contaba con red de apoyo para su cuidado y 3% se encontraba sin supervisión adulta.

Las estadísticas médicas estiman que por cada accidente mortal entre la población infantil, deben producirce entre 100 y 800 accidentes no mortales. Los que ocurren en el hogar provocan 40 veces más tratamientos que los de tráfico y su número es 20 veces mayor que el de los accidentes de trabajo. Afectan a mujeres, niños y ancianos, ocasionan minusvalías, elevados costos económicos y dificultades en su control.

A partir de los nueve años de edad, los accidentes infantiles son causa de muerte y la mayoría ocurre en casa. Este grupo de población es susceptible a accidentarse por caídas, quemaduras, intoxicaciones, envenenamientos, asfixia y armas de fuego, principalmente. Datos de 2005 de la Secretaría de Salud reiteran la gravedad de los accidentes infantiles.

En la etapa infantil —que abarca desde el nacimiento hasta el periodo preescolar— de 38 589 muertes registradas, 80 se debieron a accidentes caseros y 79 a agresiones contra el bebé.

El contenido de un buen botiquín

Curitas, algodón, hisopos, tela adhesiva de 2 cm de ancho, vendoletas, vendas y gasas estériles de diferentes tamaños, torniquetes (un palito pequeño y una tela limpia de 4 cm de ancho por 40 cm de largo), analgésicos —que contengan paracetamol o acetaminofén—, agua oxigenada, merthiolate, alcohol, isodine solución, un vaso de plástico, agujas, tijeras, termómetro, lista de teléfonos de emergencia: ambulancias, terapia intensiva móvil, hospitales, bomberos, centro de intoxicaciones o envenenamiento, pediatra y farmacia de 24 horas.

En la etapa preescolar —que abarca la etapa de los dos a los seis años—, de un total de 6 933 muertes registradas, se detectaron 1 119 fallecimientos debido a las siguientes causas:

Accidentes de tráfico	444
Ahogamiento y sumersión de accidentes	363
Agresiones	108
Caídas accidentales	81
Exposición accidental a fuego, humo y llamas	70
Envenenamiento accidental	53

En la etapa escolar —que abarca de los seis a los 12 años—, de un total de 7 118 muertes registradas, destacan 1 974 fallecimientos por las siguientes causas:

Accidentes de tráfico	982
Ahogamiento	375
Agresiones físicas	290
Suicidios	117
Caídas accidentales	95
Exposición accidental al fuego, humo y llamas	66
Envenenamiento accidental	49

Como referencia comparativa y para entender la complejidad de los accidentes que pueden evitarse, cabe decir que de estas 7 118 muertes de niños en edad escolar, 2 063 se debieron a enfermedades perfectamente detectadas. Si comparamos ambas cifras nos daremos cuenta de que casi muere el mismo número de niños por accidente que por enfermedad. La diferencia es mínima, pero el dato es muy revelador.

Los investigadores del INSP, en el estudio en cuestión, registran como los factores individuales que más influyen en los accidentes en el hogar: la edad o etapa de desarrollo y el género de los niños —los varones son más propensos—, que los hace más o menos curiosos.

Entre los factores ambientales destacan la familia (su estructura, menor participación de los padres en el juego de los niños, perturbación familiar, tipo de trabajo de los padres, problemas en el matrimonio, factores maternales como edad, educación, salud física y mental); las personas encargadas de cuidar a los pequeños, el nivel socioeconómico (bajo), factores estructurales y productos de consumo (construcción de la vivienda, herramientas, muebles, equipamiento de juegos y deportes, vehículos de transporte para bebés y niños); intoxicaciones, envenenamientos, y presencia de armas de fuego en casa.

Por su parte, el doctor en pediatría Pedro Barreto señala que:

En buena medida la culpa de los accidentes infantiles la tienen los adultos. Es muy duro decirlo, pero es cierto. Las caídas de la cuna, de los brazos de los padres, de la cama, del cambiador; las quemaduras con líquidos calientes cuando se preparan alimentos; la intoxicación por error en la administración de medicamentos; la asfixia por aspiración de pequeños objetos, el ahorcamiento con la cinta de los chupones y otros accidentes, no tendrían razón de ocurrir si no mediara el descuido o abandono por parte de los adultos. El niño es habitualmente un sujeto dependiente de los mayores. Por eso, el gran porcentaje de los accidentes se produce en el propio hogar.

Durante la infancia y la adolescencia, los accidentes son la causa más frecuente de consulta en los servicios de urgencias, por eso, desde antes de la llegada de nuestros hijos al mundo, debemos modificar nuestro hogar para hacerlo un lugar seguro. Cuando los niños crezcan, los accidentes serán más frecuentes fuera de casa: en la calle, en el colegio o en el lugar en donde practiquen algún deporte.

Prevención de accidentes en el hogar. Algunas sugerencias prácticas

El material que se presenta en esta sección fue elaborado con el apoyo de varias madres de familia y algunos pediatras. Todas coincidimos en que los brincos en las camas y de un sillón a otro deben estar terminantemente prohibidos. De las mamás entrevistadas, por lo menos siete de los hijos de éstas ya habían sido enyesados del brazo o de la pierna por brincar y no saber caer adecuadamente.

Es importante contar con protectores en las esquinas de las mesas, en las ventanas y en las llaves de la tina. A las puertas se les debe instalar alguna especie de amortiguador de golpes, con éste el niño no podrá machucarse. En las escaleras, así como en la cuna, conviene colocar algún barandal, y si tenemos la fortuna de contar con chimenea en nuestra casa, protejámosla siempre con una rejilla. Los barandales deben estar bien fijos y los barrotes muy cerca el uno del otro para evitar que el pequeño meta ahí la cabeza.

Las medicinas deben estar siempre bajo llave, así como los objetos punzocortantes, pequeñas piezas de joyería y objetos minúsculos. De preferencia, tengamos nuestros cajones con llave y fuera del alcance de las curiosas manos del niño.

La puerta de la entrada a la casa debe permanecer con llave. Los niños crecen muy rápido y en cualquier momento podrían abrirla.

Los enchufes deben estar cubiertos y los cables de electricidad fuera del alcance del pequeño. Evitémosles tentaciones.

Pongamos en la regadera o en la tina un tapete antideslizante para evitar caídas. También debe haber un tapete firme fuera de ésta que evite que el niño se resbale. Cuidado con los cristales. Si pueden ser de seguridad, de preferencia usémoslos. Si esto no es posible, siempre pongamos algo en el vidrio que alerte al menor. He sabido de casos en los que el niño corre desde el jardín y no se percata de que el vidrio está ahí y choca, el cristal se rompe y eso deja secuelas físicas importantes.

Nunca dejemos bebidas alcohólicas al alcance del pequeño.

En el jardín o patio también hay que estar muy pendientes. Alejemos los objetos utilizados para la jardinería a la mano del chico. Asimismo, eliminemos las plantas tóxicas y si tenemos mascotas, inmediatamente limpiemos su excremento, los niños pequeños suelen llevarse todo a la boca.

Convirtámonos en inspectores que deambulan por toda la casa en busca de peligro y registremos rincón por rincón. Recordemos que para los niños pequeños todo es material de observación o comestible.

Quemaduras

A la hora del baño hay que vigilar que la temperatura del agua sea la adecuada; para ello basta con meter el dorso de la mano en el agua y comprobar que esté templada. Debemos llenar la bañera mezclando el agua fría con la caliente hasta conseguir un chorro templado, pues de lo contrario el niño podría meter la mano y escaldarse.

Nunca dejemos solos en la bañera a nuestros hijos. Aunque parezca increíble se pueden ahogar con mucha facilidad y rapidez. Si el niño ya es lo suficientemente mayor como para bañarse solo, hay que enseñarle a regular la temperatura del agua, pero que siempre abra primero la llave del agua fría. No nos alejemos del baño, un accidente puede ocurrir en un parpadeo.

Las estufas y radiadores deben estar protegidos, de manera que el niño no pueda tocarlos. Nunca permitamos a los menores acercarse a una chimenea encendida.

Los niños no tienen nada que hacer en la cocina ya que es un lugar muy peligroso. No obstante, es una buena idea usar siempre los fuegos de la estufa más próximos a la pared, y no dejar que los mangos de las sartenes y demás utensilios de cocina sobresalgan de la hornilla pues en un descuido el niño puede tomarlos por curiosidad y quemarse con aceite hirviendo u otro producto caliente.

No circulemos por la casa con líquidos calientes (café, té, leche) porque el pequeño nos podría empujar sin querer y quemarse al caerle encima el líquido que llevemos. Si estamos tomando sopa o algo caliente no tengamos al chico en brazos, pues puede volcarse el plato, o el niño puede meter la mano en éste.

Tengamos mucha precaución con la plancha; cuando planchemos que sea lejos de los niños, las quemaduras con este electrodoméstico son muy frecuentes.

Un adulto ordena su hogar bajo cánones de orden, limpieza, normas estéticas, pero para un niño no hay orden respetable, todas las habitaciones son, en potencia, espacios propicios para jugar, para transformar o ensuciar.

BARREDA

Si dejamos el auto bajo el rayo del sol hay que cubrir el portabebé con una tela para que cuando coloquemos en él al niño no se queme; tengamos un cuidado especial con las partes metálicas. Si paseamos bajo un sol intenso cubramos la cabeza del niño —de cualquier edad— con una gorra o sombrero para evitar insolaciones, y no olvidemos aplicarle un buen protector solar en las zonas descubiertas de su piel. Se sugiere también proporcionarle líquidos constantemente. Durante las vacaciones, si está en la alberca, no se nos olvide aplicarle con frecuencia protector solar a prueba de agua. De no contar con alguno, debemos repetir el proceso con el que tengamos cuantas veces sea necesario. En materia de incendios, las estadísticas mundiales reflejan que cada año los infantes originan alrededor de 100 mil incendios y, lamentablemente, muchos de ellos quedan discapacitados físicamente, o presentan secuelas psicológicas (si las mismas no son tratadas debidamente y a tiempo), en otros casos fallecen (www.weather.com/espanol).

Debemos enseñar y educar a los niños para que sepan el peligro que encierra el fuego, para que comprendan que no deben generarlo y sepan cómo deben comportarse ante un incendio. Cabe recordar que los niños menores de cinco años son curiosos cuando se trata de la lumbre y con frecuencia ese interés que comienza como una exploración natural de lo desconocido puede finalizar en tragedia.

¿Qué es el fuego?

Es una reacción química que se produce por la presencia de cuatro elementos: calor, combustible, oxígeno y reacción en cadena. Se origina cuando un material se une al oxígeno tan rápidamente que produce llamas. Si eliminamos cualquiera de los elementos anteriormente citados, el fuego se apaga.

¿Qué es un incendio?: Es el fuego fuera de control.

Tomado de www.usfa.fema.gov
United States Fire Administration.

Hay que enseñar a nuestros hijos que no deben jugar con fósforos, cerillos ni encendedores que pudieran encontrar. En ese caso, deben notificar a un adulto inmediatamente.

Importante: Cigarrillos y cerillos siguen ocupando el primer lugar como causantes de incendios.

Para recordar y compartir con los hijos

En la oscuridad nada se vislumbra y las llamas cubren la luz.

El olor del humo no despierta, al contrario adormece y mata.

La alarma contra incendio se activa al llegar el humo a la misma.

El calor mata en segundos: a los 65 grados los pulmones se calcinan y se destruyen.

Sólo se dispone de uno a dos minutos para escapar de un incendio.

En tan sólo 30 segundos el fuego está fuera de control.

Cuando comience el incendio, se debe despertar a todos los integrantes que se encuentren en la vivienda, salir de la misma en forma individual y reunirse en un punto de encuentro previamente establecido.

Tomado de www.weather.com/espanol

Heridas producidas por objetos cortantes

El rastrillo y las navajas de afeitar deben guardarse en lugares altos y con cerradura de seguridad, al igual que las tijeras, agujas, alfileres y otros objetos de costura.

En la cocina y el comedor todos los cuchillos, tenedores y tijeras deben estar en cajones cerrados. El mueble donde se encuentre la basura y todos los armarios con vajillas u objetos de cristal deben tener chapa de seguridad.

Toda la herramienta (clavos, martillos, pinzas, sierras, etcétera) deberá estar bajo llave.

Descargas eléctricas

La computadora, la televisión, el equipo de música y demás electrodomésticos deben estar bien pegados a la pared, de manera que nuestros hijos en posición pecho tierra no puedan tocar la zona trasera de éstos, que es donde suelen estar las conexiones. Apaguemos y desenchufemos todos los aparatos que no utilicemos. Pongamos tapaenchufes y no dejemos cables al alcance de los niños.

> **TIP:** Las clavijas no deben desconectarse jalando del cable sino de la clavija misma. Una plancha eléctrica nunca debe dejarse conectada, ni por un solo instante, sin ser debidamente observada

Vigilemos especialmente las luces de Navidad, procuremos que la instalación esté bien hecha y los cables aislados. Los expertos coinciden en que todos los hogares deberían tener un sistema eléctrico de seguridad que desconecte la instalación en caso de descarga eléctrica o de cortocircuito.

Si nos ausentamos de casa todo el día o salimos de viaje, de preferencia hay que desconectar todos los aparatos eléctricos. Los cortocircuitos más frecuentes culminan en incendios cuando no hay nadie en casa.

Información útil

Los incendios en las instalaciones eléctricas pueden ser el resultado de una sobrecarga en los circuitos, de cables defectuosos, de material aislado deficientemente, de interruptores dañados y del mal empleo de los aparatos eléctricos. Además de causar quemaduras y provocar incendios, la electricidad no manejada correctamente puede ocasionar conmociones e incluso la muerte, como consecuencia de fuertes descargas de la instalación eléctrica. En las casas antiguas se debe revisar la instalación ya que los aparatos eléctricos modernos demandan mayor carga de corriente. Sobrecargar un circuito y, en consecuencia, hacer que se sobrecaliente, puede ser el resultado de utilizarlo para demasiadas lámparas, motores u otros artículos. El calentamiento que se produce por esta sobrecarga puede provocar un incendio. Aun cuando la corriente no sea excesiva, puede haber un calentamiento peligroso o saltar chispas debido a que las instalaciones eléctricas tengan conexiones sueltas o mal hechas. El fusible que se considera más seguro es el interruptor automático de circuito. Usar una moneda en vez de un fusible o fusibles es un hábito común y muy peligroso.

Todo a la boca

No dejemos al alcance del niño objetos pequeños que pueda llevarse a la boca y ahogarse.

Compremos juguetes grandes y adecuados a su edad. Pidámosle al hermano mayor, de ser posible, que nos apoye y mantenga lejos de su hermano menor todos los juguetes pequeños que éste pueda llevarse a la boca.

Cuidemos lo que comen nuestros hijos, sobre todo productos difíciles de masticar como cacahuates japoneses y caramelos macizos, entre otros. También es importante vigilar la forma en que comen: no los dejemos jugar mientras lo hacen, tampoco deben estar acostados, pueden ahogarse.

Asfixia y atragantamiento

Nunca acostemos al bebé en una superficie blanda tipo cojín o almohada pues se puede asfixiar; tampoco encima de una superficie envuelta en plástico pues si apoyara su boca en él podría ahogarse.

No dejemos ninguna bolsa de plástico al alcance de los niños, ya que si la introdujeran en la boca o se la pusieran en la cabeza se podrían asfixiar. Por el mismo motivo no debe jugar con globos. Es una buena costumbre hacerle varios nudos a las bolsas de plástico antes de tirarlas, pues así el niño no se las puede meter por la cabeza.

Los padres de familia deben insistir, todos los días, sobre las medidas generales de prevención de accidentes: cómo caminar por las calles, cómo atravesarlas, qué hacer cuando un autobús esta parado. Según el sitio en donde esté localizada la escuela, así deben ser nuestras observaciones, deberemos seleccionar unas pocas de ellas, clasificarlas en una escala de riesgo, y repetirlas todos los días. Los maestros tienen la obligación de hacer lo mismo. Cada día, al iniciar y terminar las lecciones, deben referirse a este problema, seleccionando también las acciones prioritarias, y desde luego, supervisando que los niños las cumplan.

Jiménez

De acuerdo con el doctor Fernando Paredes, debe quedar absolutamente prohibido dar frutas secas a niños menores de cinco o seis años, pues si se atragantan con ellos pueden asfixiarse, o se les puede producir una lesión pulmonar por el aceite que destilan estos productos. También son peligrosos los alimentos que, como las gomas de mascar o los caramelos, tienen la forma y el tamaño de la vía aérea del niño y pueden producir asfixia en caso de atragantamiento.

Hay que tener mucho cuidado con las pilas en forma de botón —que son las que usan los relojes de mano y la mayoría de los juguetes electrónicos—, porque se pueden asfixiar con ellas o tragárselas, y en este caso podrían producir quemaduras o intoxicaciones muy severas.

No dejemos cables, cuerdas ni cintas al alcance del niño pues se podría ahorcar; por el mismo motivo, nunca debemos ponerle cadenas ni cintas en el cuello.

Ahogamiento

Bajo ningún concepto dejemos al niño solo en la bañera porque se podría ahogar con facilidad, basta con que pierda el equilibrio y sumerja su cabeza en el agua. Si tuviéramos que salir del cuarto de baño para hacer otra cosa, no dejemos al bebé al cuidado de otro niño pues es peligroso, es preferible sacarlo de la bañera, envolverlo en una toalla y hacer lo que necesitemos. No los desatendamos mientras la bañera o cualquier recipiente (cubeta, bote e incluso la tina) se están llenando de agua.

Mantengamos los baños cerrados. Los excusados son siempre una tentación para el pequeño y puede caer de cabeza dentro del retrete.

No los dejemos nunca solos en las albercas aunque tengan salvavidas o flotadores. Éstos se pueden desinflar, romper o salírsele al niño. La máxima seguridad la da la vigilancia de los adultos.

Envenenamientos

Hay que tener bajo llave o fuera del alcance del niño todos los productos tóxicos de la casa, así como los productos para la higiene, de tocador o las medicinas. Nunca le digamos al chico que un medicamento es un dulce, pues podría incitarle a tomárselo por su cuenta. No le administremos nunca medicamentos a oscuras, pues te puedes confundir de medicina o de dosis. Tengo que reconocerlo pero personalmente me sucedió con Lucía: tendría seis años y estaba enferma del oído; por el sueño y la flojera de hacer cuidadosamente las cosas le di el medicamento para el oído en lugar de las gotas que eran para desinflamar las amígdalas. Por razones obvias la tuve que obligar manualmente a que vomitara.

Asegurémonos, después de administrar alguna medicina, que la dejamos bien guardada en su sitio.

En caso de que en casa haya plantas decorativas, averigüemos si tienen partes venenosas y, si es así, deshagámonos de ellas, porque nuestro hijo en una distracción puede chupar o morder alguna.

> **TIP:** Las medicinas y otros artículos
> potencialmente peligrosos deben ser colocados
> fuera del alcance de los niños y guardados de
> preferencia en botiquines que puedan cerrarse
> con llave, dado que un niño puede envenenarse
> con menor cantidad de veneno que un adulto

Si tenemos invitados y tomamos bebidas alcohólicas, retiremos los vasos rápidamente pues los niños se pueden beber los restos. Guardemos las bebidas alcohólicas siempre en armarios con llave, en lugares inaccesibles para los pequeños.

Los productos de limpieza son muy peligrosos a la vez que tentadores para el chiquito, por eso hay que tener mucho cuidado con ellos. De preferencia conservémoslos en sus envases originales y de ser posible con tapón de seguridad; no los pongamos nunca en botellas de agua o de otras bebidas pues nosotros mismos o el niño podríamos confundirnos y envenenarnos.

Recordemos no poner nunca insecticidas o raticidas en lugares que estén al alcance de los chicos.

Caídas y golpes

Los niños empiezan a darse la vuelta desde muy pequeños, unos antes que otros, así que desde el primer mes de vida debemos estar alerta cuando dejemos solos a los niños en una cama o sobre alguna superficie porque puede rodar y caerse.

Pongámosle protectores a la cuna y asegurémonos de que la cabeza del niño en ningún caso quepa entre los barrotes. Procure no abrigarlo mucho por la noche y que la ropa de cama pese poco de manera que el bebé se pueda mover libremente en la cuna. No lo acostemos con nosotros pues durante la noche, y sin darnos cuenta, podemos aplastarlo y asfixiarlo.

Si nuestra casa tiene escaleras, en cuanto el pequeño empiece a gatear debemos ponerle puertas de seguridad que impidan el acceso (las hay desmontables).

También debemos instalar rejas en las ventanas que pueden ser abiertas por un adulto en caso de incendio, y aumentar la altura de la baranda de balcones y terrazas, pues desafortunadamente los niños no tienen ninguna conciencia de peligro y pueden precipitarse desde arriba. No dejemos nunca macetas ni muebles junto al balcón o ventanas pues el chico se puede subir a ellos para asomarse y podría caerse. Nunca dejemos al niño en una habitación con la ventana abierta si ésta no tiene rejas, los niños son muy curiosos y es muy peligroso, incluso aunque nuestro hijo no sea un niño travieso.

Si en casa hay algún animal (mascota), no lo dejemos nunca a solas con los niños, por muy domesticado que esté les podría hacer daño.

Leer esta lista de recomendaciones prácticas para la seguridad de nuestros hijos puede parecer aburrido, pero los niños son individuos altamente peligrosos. Como padres de familia nos confiamos demasiado en nuestro sexto sentido y nos olvidamos del sentido común. Usémoslo por la seguridad de los niños. Por supuesto, no se trata de coartarles la libertad a nuestros pequeños exploradores, sino simplemente de evitar una tragedia.

A continuación, reproduzco las historias de algunos sustos que se han llevado diferentes mamás cuyos hijos no son muy pequeños. Sus edades oscilan entre los seis y los 11 años. Desafortunadamente tres pequeños fallecieron.

"Un día llegué a mi casa del trabajo y me encontré a mi hijo Daniel, de nueve años de edad, trepado en un mueble de la cocina pegado a una ventana, empinado y tratando de alcanzar a ver una pelota. Casi me da un infarto del susto. Desde entonces todas las ventanas de mi casa tienen un botón de seguridad".

"Mi hija de cinco años se quedó sola unos minutos en la mesa del comedor e introdujo un tenedor en el tostador de pan (algo que nosotros hacíamos con frecuencia) para sacar una rebanada; colocó, a la vez, la otra mano que estaba húmeda en la parte exterior del tostador (de metal y, por tanto, excelente conductor eléctrico); poco después encontré a la pequeña completamente inconsciente a causa de las quemaduras causadas por la descarga eléctrica y, a pesar de haber sido atendida de inmediato, no le pudieron salvar la vida".

"Mi hija Cecilia, de nueve años, estaba enferma de una infección en los oídos y la pediatra le mandó unas gotas para éstos. Yo me sentía con tanto sueño que en vez de ponérselas en los oídos se las puse en la lengua pensando que eran tomadas. La niña sólo alcanzó a gritarme —después de la sexta gota—: 'Mamá, ésas son mis gotas del oído'. Me puse a llorar por mi grado de descuido. Le llamé inmediatamente a la doctora y tras un regaño me dijo que no pasaba nada porque ese medicamento no era tóxico, pero que pudo haber sucedido algo peor".

"Mi hijo Darío empezaba a gatear e iba detrás de mí sin que yo lo viera. Repentinamente cerré la puerta y ahí estaban sus deditos. Le rompí tres y los tuvo enyesados más de cuatro semanas".

"Estaba mi hijo en su andadera y llegó hasta la cocina; yo estaba hirviendo agua en una olla que tenía un mango largo. El niño se paró de puntas para jalarlo y lo derramó. Solamente traía sus calcetines y se quemó un pie. Afortunadamente no se quemó más porque era muy poca el agua. Ya pasaron ocho años y todavía no me perdono mi descuido".

"Mi hijo de tres años masticó una esfera del árbol de Navidad. Le saqué de la boca lo más que pude, pero tuvimos que ir a la sala de urgencias del hospital para que lo limpiaran perfectamente".

"Estaba amamantando a mi segundo hijo y me quedé dormida, el cansancio me venció. El niño se ahogó con la misma leche. Esto sucedió hace más de siete años y no sabes cómo me tortura mi descuido".

"Mi hijo se ahogó en una alberca a los dos años y medio por un descuido de todos los adultos que estábamos alrededor. Piensas que eso nunca te va a pasar pero a mí me sucedió".

Prevención de accidentes fuera del hogar

Cuando el niño llega a los dos años de edad pide a gritos más independencia. Además, es la etapa de las guarderías y los preescolares. Como padres, aseguran los expertos, nuestra obligación es darles cada vez más responsabilidades sobre sí mismo y enseñarles que tiene que cuidarse mucho para no sufrir algún accidente. Si sale a la calle con nosotros, expliquémosle, sin atemorizarlo, el daño que pueden producir los autos y demás vehículos, y que por lo tanto nunca debe cruzar una sin ir agarrado de la mano de una persona adulta hasta que él sea mayor. A la vez, enseñémosle los diferentes símbolos y colores de los semáforos, acostumbrémoslo a mirar a un lado y a otro al cruzar y a usar las esquinas.

La sobreprotección puede convertir a un niño en un ser demasiado tímido y dependiente. La mayoría de las precauciones son generalmente una cuestión de sentido común: permiten anticiparse a los problemas, en vez de lamentarse cuando se presentan. El sentido común de los padres que se preocupan por la seguridad en el hogar sienta un ejemplo para las futuras prácticas de seguridad de sus hijos.

VILLARREAL

A pesar de ser una exigencia legal, algunos padres permitimos que los menores se sienten en el asiento delantero, "pero sólo esta vez" sin pensar en el peligro al que estamos exponiéndolos. Dentro del automóvil hay que ordenarle que vaya en el asiento trasero y lleve puesto siempre el cinturón de seguridad. Pongamos nosotros el ejemplo. Es también importante enseñarles a los niños cómo se desabrocha el cinturón, para que en caso de accidente lo puedan hacer.

Desde pequeños deben aprender que en una bicicleta, patines o patineta, el casco, las rodilleras y las coderas son indispensables por su propia seguridad.

Los parques de diversiones son los lugares en donde, por excelencia, los niños se accidentan. Columpios que vuelan cada vez más alto y niños que atraviesan por ahí sin fijarse; resbaladillas en donde escuchamos risas y vemos con temor cómo el niño de atrás empuja a nuestro hijo. Desafortunadamente, en la mayoría de nuestros parques las diferentes atracciones o juegos están en muy malas condiciones; eso nos obliga a redoblar la vigilancia. También nos exige explicar a los niños los peligros que deben evitar para no golpearse ni caerse. Por ejemplo: que no se bajen del columpio hasta que éste se haya detenido completamente, tampoco empujar a ningún niño en el pasamanos o en la resbaladilla o tobogán.

Deportes

Los niños menores de 10 años por lo general se lesionan jugando entre sí. Los mayores normalmente se accidentan practicando deportes organizados.

En general, afirman los médicos del deporte, mientras más edad y peso tengan los niños, de mayor gravedad serán las lesiones producidas por los accidentes deportivos, pues no tiene la misma violencia un impacto entre dos niños de siete años que entre dos de 14.

Si estamos decididos a que nuestro hijo practique algún deporte, cerciorémonos de que está lo suficientemente entrenado, y de que juega con compañeros de su edad, tamaño y peso. Aseguremonos de la presencia de al menos un monitor adulto y responsable, con capacidad de ofrecer primeros auxilios y de practicar resucitación cardiopulmonar si fuera preciso.

Muchos lectores podrían pensar que todo esto es exagerado y que, además, coarta la necesidad del niño de explorar e incluso de aprender por su propia experiencia. No olvidemos, sin embargo, que los niños son niños y por lo tanto no hay que confiar mucho en su criterio discriminatorio; ellos están experimentando y si podemos evitar que se hagan daño físico, ¿para qué queremos que aprendan a cuidarse después de tener un brazo roto, lastimada la cabeza, alguna quemadura, o tras haberse comido una colilla de cigarrillo que encontró en el cenicero? Mejor ahorrémonos el susto y la culpa por no haber actuado a tiempo y evitémosles un dolor físico. Hagamos de nuestra casa un lugar seguro y a prueba de niños; ya tendremos tiempo para adecuar el hogar a nuestro gusto y sacar todas las "chucherías" que nos encantan. Más vale prevenir que lamentar, y no olvidemos que ellos serán niños una vez nada más.

Preguntas

El hogar es uno de los lugares más peligrosos para el niño. Pensemos si en casa hay todo tipo de medidas de seguridad para evitar desgracias.

1. ¿Conozco qué tipo de plantas tengo en mi casa?, ¿son venenosas?, ¿sabría qué hacer en caso de que mi hijo se comiera alguna?
2. ¿Cuento con un botiquín completo y tengo a la mano los teléfonos de emergencias?
3. Si mi hijo se ahogara con algún pedazo de comida, ¿sé qué hacer para que lo expulse?
4. ¿He hablado con mis hijos acerca de los peligros del fuego?
5. ¿Cuando salimos de vacaciones dejo cerradas las llaves del gas y desconectados todos los aparatos que pudieran causar un cortocircuito?
6. ¿Soy de las mamás que piensa que a sus hijos nunca les va a pasar algo peligroso dentro del hogar?

Capítulo seis

Nuestros hijos y su seguridad física

Siempre pensamos que a nosotros no nos va a pasar, sin embargo, familias allegadas a la mía lo han sufrido en carne propia. Se trata del robo de sus hijos. Esto puede suceder en el mercado, en la calle, en el centro comercial o en el automóvil. Esos segundos en los que nos descuidamos pueden ser suficientes para que quienes nos han estado observando, actúen.

Las cifras de robo de infantes varían, pero de acuerdo con organizaciones especializadas en la búsqueda de menores, como la Fundación Nacional de Investigaciones de Niños Robados y Desaparecidos, México Unido contra la Delincuencia, entre otras, 45 mil niños desaparecen anualmente en el país. El destino de estos pequeños es muchas veces la explotación sexual, otra la laboral, la venta de órganos o la venta a parejas en el extranjero. En el mejor de los escenarios, las víctimas son recuperadas sanas y a salvo por sus padres, a cambio de cuantiosos rescates. El problema es grave, es una realidad que no podemos ni debemos esconder, pero hay que estar siempre muy alertas.

Inocencia en peligro

"Juegos sin terminar" es el nombre del proyecto mexicano que contribuye a la búsqueda de los niños extraviados, y pone al servicio de la sociedad información oportuna, completa y relevante para colaborar en dicha búsqueda.

"Juegos sin terminar" es el estilo de entidades que necesitamos los ciudadanos para buscar de manera organizada y estructurada a los niños desaparecidos. El programa cuenta con una página electrónica en Internet diseñada para este único fin.

(JuegosSinTerminar.cem.itesm.mx).

Me cuesta trabajo reconocerlo, pero hay que enseñar a nuestros hijos, sin asustarlos, a que sepan qué hacer si se enfrentan a una situación de este tipo.

Este libro, de la colección **Aprender para crecer**, trata, precisamente, de presentar a los padres de familia una serie de medidas que podemos tomar y otras que debemos enseñar a los niños para evitar cualquier forma de abuso físico en contra de ellos, y esto incluye el robo, la pornografía a través de Internet o el abuso sexual. A diferencia del resto de los textos de esta serie, en éste casi no se incluyen testimonios debido, fundamentalmente, a que los padres de los niños que han sido víctimas de alguna de estas dolorosas situaciones prefieren no hablar del tema.

Estemos siempre alertas

El robo, el secuestro y la desaparición de niños en México han dejado de ser un problema de seguridad pública para convertirse en una cuestión de seguridad nacional, señalan los analistas, quienes también califican a la República Mexicana como uno de los principales países, después de Brasil, en donde existen las tasas más altas de robo de infantes.

El Fondo de las Naciones Unidas para la Infancia (UNICEF) asegura que estos altos índices se deben a los niveles de pobreza de la población y al hecho de que 32.5 millones de mexicanos son niños menores de 14 años, lo que convierte a México en un país vulnerable para que se presente este delito.

Las raíces de la violencia organizada y la violencia familiar son el maltrato y el abuso sufrido en la infancia.

MILLER

En un reciente estudio, el organismo internacional concluye que muchos de los pequeños robados son obligados a laborar en la industria del sexo, usados para traficar drogas o dados en adopción de manera ilegal en el extranjero: "Al menos 20 mil niños mexicanos son víctimas del comercio sexual en las seis principales ciudades del país", expone UNICEF.

Las modalidades para llevarse a un niño son muchas: van desde la mujer disfrazada de enfermera o trabajadora social, o las que se hacen pasar por sirvientas, hasta amables desconocidos que al primer descuido se los arrebatan a sus padres. Esto puede suceder en la calle, en el automóvil, en el supermercado y, a veces, en nuestra propia casa. En otras ocasiones, los delincuentes conocen a la perfección todos los movimientos de la familia y aprovechan el momento más inesperado para secuestrar al pequeño. Por

> Es imperativo que los niños sepan cómo actuar ante una situación de peligro. De igual manera, es importante la forma en que les sugerimos hacerlo

eso conviene, y sin convertirnos en paranoicos, tomar nuestras precauciones.

Hay que advertir a los niños que tengan cuidado, no que tengan miedo.

Podemos infundir en ellos una serie de reglas básicas que deben seguir para estar seguros:

1. Si salimos con el niño a un lugar público y repentinamente nos pierde de vista, digámosle que no empiece a dar vueltas asustado, es mejor que se dirija a algún empleado del lugar y le pida ayuda para localizarnos. Muchas mamás cuando llegan a algún lugar público, como un parque, mercado, centro comercial, etcétera, se ponen de acuerdo con los niños del lugar en el que deberán encontrarse en caso de separarse. Hay que explicarle al chico, sin angustia, que más vale prevenir y tratar de quedarse junto a nosotros.

2. Enseñarles que nunca, y por ningún motivo, deben entrar al automóvil de alguien sin que papá o mamá lo haya autorizado. Muchas personas desconocidas, desde un auto en marcha, pueden preguntarle al chico por alguna calle con la intención de obligarlo a subirse y secuestrarlo; digámosle al niño que un adulto en su sano juicio nunca le preguntaría a un menor por alguna dirección. Así que es mejor desconfiar e irse de ahí. La regla de oro: NO HABLAR CON EXTRAÑOS.

Ha habido casos en que el victimario le pide ayuda al chico para encontrar a su perro, y usa ese pretexto para llevarse al niño. Otros en los que el secuestrador recoge al niño en la escuela inventando que sus familiares le pidieron que lo hiciera. Digámosles que nunca nadie debe recogerlos en ningún lugar en sustitución de sus padres. También expliquémosles que les podrían mentir diciéndoles que mamá tuvo un accidente y le pidió a ese adulto desconocido que lo recogiera. Desgraciadamente hay que enseñarles a desconfiar y a que se cuiden.

3. Si alguien los obliga a ir a otro sitio, debemos recomendarles que traten de huir y gritar que se los están llevando.

4. En la actualidad, como padres debemos evitar que nuestros hijos anden solos y se queden sin la vigilancia de un adulto en cualquier sitio, no sólo los comunes.

5. Eduquémoslos a siempre pedir permiso y avisar en dónde estarán.

6. En caso de que nosotros no podamos recoger al niño en algún lugar, hagámoselo saber. Muchos padres de familia tienen una especie de contraseña secreta con el niño para que el pequeño esté seguro de que se trata de la persona que ellos enviaron.

7. Los niños no deben aceptar regalos ni dulces de alguien desconocido y tampoco guardar secretos a los adultos. En caso de que así sea, deben comunicárnoslo de inmediato.

8. Nadie debe tomar fotografías o videos de nuestros hijos, si los niños notan esto, que lo informen a la escuela o a nosotros.

9. Debemos enseñarles, por sobre todas las cosas, que tienen el derecho a decir que NO cuando algo no les parece o cuando alguien trata de llevárselos.

Los padres somos los primeros que debemos tomar todas las medidas de precaución para evitar que les hagan daño a nuestros hijos.

Cuántas de nosotras no nos bajamos del auto "un momentito" en la tintorería, en la tienda, en la farmacia: "Son dos minutos, ¿qué puede pasarle a mi hijo si se queda solo?". Todo. Esos 120 segundos son suficientes para que cualquier cosa le pase. Lo digo por experiencia. Mi historia no es tan desafortunada, pero resultó muy traumática para mi hija Lucía. Un martes por la tarde, después de dejar a Daniel en su clase de música, fuimos a la farmacia. Por supuesto, no había lugar para estacionarse y me pareció muy fácil pararme en doble fila. Me bajé "dos minutitos" y cuando salí, mi automóvil ya estaba siendo enganchado por una grúa de la policía con Lu adentro. La niña estaba aterrorizada y lloraba muchísimo. Logré que lo desengancharan y después de reconocer mi error y recibir una multa, convencí a los oficiales del daño que le estaban haciendo a la niña, y finalmente se fueron. Lucía no paraba de llorar de la impresión tan grande que recibió. Por fortuna fue la policía la que se llevaba mi auto y no un desconocido que quería a mi hija. Nunca más se me ha ocurrido cometer nuevamente semejante barbaridad, "ni aunque me vaya a tardar medio segundo".

A menudo el daño emocional severo a los niños maltratados no se refleja hasta la adolescencia, o aun más tarde, cuando muchos de estos niños maltratados se convierten en padres abusivos y comienzan a maltratar a sus propios hijos.

ACADEMIA DE PSIQUIATRÍA DE NIÑOS Y ADOLESCENTES

Otro error que cometemos es bajar del auto y dejar a los niños dentro para abrir la puerta de nuestro garaje. Las personas entrenadas en cuestiones de seguridad señalan que lo mejor es bajar a los niños del automóvil, meterlos a la casa y salir solos a guardar el vehículo; o bien, que nos acompañen a abrir la puerta y se vuelvan a subir con nosotros al auto. Esto es más complicado, pero vale la pena perder tres minutos más de tiempo que llevarnos un susto.

Debemos procurar que nuestros hijos sepan su nombre completo, el nuestro, su domicilio y teléfono, aunque no deberán proporcionar dicha información a todo aquel que la solicite.

Jamás debemos confiar a nuestros hijos a algún desconocido, ni siquiera 10 segundos, esto es suficiente tiempo para correr con el chico.

No debemos soltar a los niños de la mano, se necesitan pocos segundos para alejarlos de nosotros.

Cuando los pequeños jueguen en un lugar público, no hay que perderlos de vista. Si tenemos más de dos hijos, procuremos no salir solos con ellos.

Si una enfermera o trabajadora social se presenta en nuestro hogar, hay que pedirle una identificación y verificar sus datos antes de dejarla entrar.

Debemos tener fotografías recientes del personal que labora en nuestra casa y que tiene contacto con los niños. Asimismo, hay que renovar constantemente los retratos de los chicos y tener en una hoja blanca las huellas digitales de sus dedos.

Si los recogemos en la escuela, hay que tener siempre dos o tres caminos alternos y estar muy atentos de que nadie nos sigue.

Colaboremos con los amigos de nuestros hijos y sus padres para proteger a todos los niños de la comunidad.

Insistamos en que todas las fiestas a las que son invitados nuestros hijos estén bien supervisadas.

Nunca los dejemos desatendidos, especialmente en el auto. Si notamos que un extraño le pone especial atención a nuestro hijo, averigüemos de qué se trata o avisemos al personal de seguridad o la policía de ser necesario.

> **Es importante desarrollar y mantener una comunicación abierta con los hijos para que nos tengan la suficiente confianza para compartirnos cualquier tema**

Estemos siempre cerca de los amigos de nuestros hijos y hagamos de nuestra casa el lugar de reunión, así podremos observar quién es cada uno de ellos.

Los expertos en seguridad infantil recomiendan jugar con los niños juegos del tipo "qué pasaría si"...: "¿Qué pasaría si un extraño te ofrece llevarte a casa o te pide que le ayudes a buscar un cachorro perdido?".

El único método verdaderamente probado para combatir el tráfico de menores es la prevención, que implica la cultura de seguridad. Por ello, desde el nacimiento de un niño se debe tener identificado su tipo de sangre, las huellas digitales y sus rasgos físicos. La prevención debe darse no sólo entre los padres de familia, sino en centros escolares, hospitales, centros de maternidad y autoridades.

INTERPOL MÉXICO

Una amiga, psicóloga infantil, hizo una prueba en un parque público preguntándole a un grupo de niños de entre ocho y 11 años de edad si le ayudarían a buscar a su perro que se había escapado. "Si yo fuera secuestradora de niños pude haberme llevado a más de 80% de los menores porque casi todos estaban dispuestos a irse conmigo para buscar al animal", relata.

Paralelamente a todas estas precauciones, lo más importante es desarrollar y mantener una comunicación abierta con los hijos para que nos tengan la suficiente confianza para contarnos cualquier cosa.

Evitemos el abuso

La seguridad física de los niños no implica solamente cuidarlos para que no se los lleven; se refiere también a evitar que alguien, incluso cercano a la familia, abuse de ellos física o sexualmente, o los introduzca al enfermo mundo de la pederastia o pedofilia.

En Estados Unidos, según datos recogidos de 50 estados y el distrito de Columbia, sólo en 1996, 1 077 niños y niñas murieron a causa de abuso o negligencia; de éstos, 77% tenía tres años o menos de edad. En América Latina no menos de 6 millones de niños, niñas y adolescentes son objeto de agresiones severas y 80 mil mueren cada año por la violencia que se presenta en el interior de la familia.

UNICEF

La investigadora social Elena Azaola, con el auspicio de UNICEF, del Sistema para el Desarrollo Integral de la Familia (DIF) y el Centro de Investigaciones y Estudios Superiores de Antropología Social (CIESAS), señala en el estudio *Infancia robada* lo siguiente:

Más de 20 mil niños y niñas mexicanos son explotados sexualmente. El problema, además de radicar en los daños emocionales, psicológicos y físicos con los que tienen que vivir los menores en el presente y futuro, también se refiere a la laxitud de la sociedad, la cual no sólo deja crecer el fenómeno, sino que lo fomenta. ¿Qué puede esperar una sociedad de sí misma si excede los límites, y lo hace con sus infantes? ¿Qué harán los niños (explotados) con su resentimiento en el futuro? El problema no sólo involucra a las víctimas y a sus explotadores o a los enganchadores y bandas de tráfico de pequeños, sino también al gobierno federal y a cada uno de los mexicanos que ha permitido el avance de la explotación sexual de menores.

De acuerdo con datos de la Dirección General de Atención a la Población Vulnerable del DIF, las formas más comunes de explotación sexual comercial infantil, que alcanzan 90% de los casos, son el abuso sexual realizado por mayores que conocen al infante y el ejecutado por familiares directos. Al primero corresponden 47% de los casos y al segundo, 45%. En tercer lugar está la pornografía, con 8%. En México el comercio sexual de infantes está controlado por una red de explotadores que tienen grupos de hasta 25 niñas menores de 18 años.

De acuerdo con los psiquiatras, existen tres categorías de usuarios identificados como abusadores infantiles. En primer lugar están los pedófilos o pederastas, quienes debido a desórdenes de la personalidad prefieren abusar sexualmente de preadolescentes. En segundo lugar se ubica un grupo de adultos que tienen también ciertas disfunciones de la personalidad y preferencia sexual por los niños pequeños, con quienes se muestran muy seductores pero son en general personas introvertidas y sádicas. Por último, aparecen los que cometen abusos sexuales en contra de niños y niñas, pero de manera circunstancial, por lo que no suele ser una situación planificada, pero que se da por la ingestión desmedida de alcohol y drogas o bien porque el medio ambiente lo propicia.

Según Azaola, pese a la creencia de que muchos de los niños y niñas robados son utilizados para ejercer la prostitución en centros turísticos, tanto nacionales como internacionales, la realidad demuestra que la mayoría de ellos son hurtados con el fin de ser dados en adopción en países desarrollados. Mientras mayor sea el niño robado (de 10 años o más) se incrementan las posibilidades de que sea introducido en el comercio sexual.

Carmen Maurer, psicóloga infantil, afirma que como padres podemos enseñar a nuestros niños a prevenir el abuso infantil sin mencionar la palabra abuso. Maurer señala:

Lo podemos hacer sin llenarlos de miedo, es más, no tenemos que decirles lo que es un abuso, ni quiénes son los ofensores, qué hacen ni por qué. Todo lo contrario, hay que manejar la prevención desde un ángulo positivo, capacitando a los niños para actuar de manera efectiva y por su propia cuenta cuando se encuentren en una situación peligrosa y estén solos. Les podemos enseñar, por ejemplo, que su cuerpo es de ellos y nadie tiene derecho a tocarlos ni a maltratarlos. Podemos decirles que si no les gusta la forma en que alguien los toca o los mira tienen derecho a decir NO y hacerlo del conocimiento de un adulto. Podemos darle al niño una serie de recomendaciones que le hagan sentirse seguro de sí mismo. La seguridad es la mejor arma que les podemos regalar para que puedan decir NO y frenar a los abusadores.

El abuso y maltrato infantil es un problema que compete a todos los países del mundo. Por ello, el 19 de noviembre es reconocido como el Día Mundial para la Prevención del Abuso del Niño. Se trata de una iniciativa de la Fundación de la Cumbre Mundial de la Mujer (FCMM) en la que se han involucrado 149 organizaciones de 59 países del mundo, que tiene como objetivo fomentar una cultura de prevención del abuso infantil en todo el orbe.

La Convención de los Derechos del Niño establece en su artículo 19 que es obligación del Estado proteger a los niños de todas las formas de violencia

y maltrato, que hayan cometido padres, madres o
cualquier otra persona dedicada a su cuidado.

Fuente: Red por los Derechos de la Infancia en México.

Además de todas las recomendaciones que le damos al niño, es
importante que participemos, junto con la escuela, en los programas de prevención. Desafortunadamente no hay muchas que los
tengan establecidos, pero podemos empezar por promover en la de
nuestros hijos redes de apoyo y vigilancia a la hora de la entrada y
la salida; evitar quedarnos más tiempo del necesario fuera de la
escuela platicando con otras mamás, ya que esto da pie al descuido de nuestros hijos y alguien los puede estar observando sin
que nos demos cuenta. Existen testimonios acerca de vendedores
ambulantes que convencen al niño de que le van a dar la estampa
más reciente del álbum de moda si los acompañan. También hay
testimonios de que estos mismos vendedores obtienen toda la información posible del niño de sus actividades y las de su familia y
posteriormente los secuestran.

*Los niños que ejercen su derecho a la seguridad sin temor y los
que han aprendido a pensar por ellos mismos son los más seguros
de todos.*

ANÓNIMO

Todo esto parece exagerado. Yo misma, cuando tomé conciencia de
la dimensión del problema, me asusté y decidí hablar con Daniel y
Lucía acerca de estos escabrosos temas, pero sin asustarlos. Lo hice
como si fuera un juego, como el señalado antes, "¿tú qué harías si...?".
El abuso físico o sexual deja secuelas difíciles de superar que
van más allá de los moretones que causan los golpes o el daño a
los genitales infantiles. El trastorno que se le produce a un menor
de quien se abusó no se puede medir; sin embargo, se sabe que el

efecto de la experiencia vivida marcará su futuro y sus relaciones interpersonales. Los especialistas afirman que la manera en la que los padres del chico enfrenten y asimilen la situación será crucial para el desarrollo emocional del pequeño.

Es una experiencia muy fuerte y muy dolorosa que provoca sentimientos como el odio, la rabia, la ira. Como padres de la víctima hay que estar muy conscientes de lo importante que es para el niño sentir nuestro apoyo, por lo que debemos aclararle que nuestros sentimientos no son en contra de él, sino por quien los lastimó.

La mayoría de los menores que sufren abusos llegan a desarrollar un verdadero sentimiento de culpabilidad. Muchos no pueden comprender que se les haga daño sin haber una razón, sin haber hecho nada para merecerlo. Hay que dejarle claro al niño que el culpable es siempre la persona mayor.

GARCÍA

Cuando el niño nos diga que alguien le hizo algo o nos informe de una situación que nos parezca sospechosa debemos creerle siempre, aunque sepamos que a los niños les gusta inventar historias. Es muy poco probable que inventen una sobre abuso sexual.

La desesperanza es uno de tantos sentimientos que experimentan los padres de estos niños. Si bien la experiencia marcará la vida de los pequeños, tenemos que apoyarlos y estar siempre de su lado. A veces en nuestra desesperación regañamos y le reclamamos al niño, e incluso lo acusamos de ser culpable. Eso, nos recomiendan los especialistas, no hay que hacerlo porque lo orillamos a que cometa alguna acción negativa en contra de sí mismo.

Nunca dejemos que los sentimientos nos dominen; el bienestar de los niños es la prioridad. Si estamos muy perturbados, es preferible no hablar en ese momento con el niño. Ordenemos nuestras ideas y sentimientos y posteriormente conversemos acerca del acontecimiento. Recordemos en todo momento que el niño necesita sentir nuestra protección.

El abuso infantil es un patrón de maltrato o comportamiento inmoderado que se dirige hacia el niño y que afecta los aspectos físico, emocional y/o sexual. El abuso físico se presenta cuando un adulto golpea deliberadamente al menor; el abuso sexual incluye asalto y explotación sexual, mientras que el maltrato emocional genera efectos devastadores y sistemáticos derivado de palabras, gestos y actitudes de otro. Por otro lado, la negligencia incluye actos que implican descuido, apatía, abandono y/o indolencia por parte de las personas encargadas del menor, con consecuencias negativas sobre la salud general del niño.

Tomado de www.iladiba.com

La pornografía infantil existe

Aunque nos neguemos a creerlo, existe toda una mafia internacional perfectamente organizada que se dedica a atraer niños para lucrar con ellos y con su sexualidad.

Los pederastas, quienes tienen formas muy peculiares de atraer la atención infantil, abusan de los pequeños y posteriormente los integran en amplias redes de prostitución o elaboran pornografía con ellos.

De acuerdo con un documento elaborado por la policía española, existe una serie de conductas y lugares a los que acuden estos enfermos, la cual permite detectarlos.

El maltrato y el abuso infantil es una temática que nos incluye a todas las personas y a la sociedad en su conjunto, y cuya base fundamental es el mal uso del poder que los adultos y adultas ejercen sobre niños y niñas.

PAULUZZI

Algunos pederastas frecuentan los lugares públicos de recreo infantil o los lugares en donde hay máquinas para jugar y se ofrecen a pagarle al niño algunas partidas o retarle a jugar contra él. Los abusos no se producen en el primer encuentro, ya que estos individuos normalmente intentan ganarse primero la confianza de la víctima. Otros prefieren invitar al menor a tomar un helado o un refresco o se ofrecen a llevarlo al cine.

Las zonas marginales resultan atractivas para estas personas ya que ahí es más fácil encontrar niños o adolescentes desatendidos o con muchas carencias sociales, educativas y sobre todo, emocionales. Entonces les ofrecen algún tipo de trabajo y les aseguran dinero fácil.

"Me salí de mi casa a los ocho años porque mi mamá prefería a ese señor que a mí. Aquí la prostitución funciona de día y de noche, pero principalmente en las noches. Conozco algunos chavos que se han ido a vivir con gringos. Ellos son los que más buscan a los niños para llevárselos y entregarlos por dinero. Dos de mis amigos han muerto de sida". Éste es el testimonio de un adolescente que se dedica a la prostitución y le da lo mismo si la practica con hombres o con mujeres. Por su actividad

La mayoría de los niños secuestrados son hurtados con el fin de ser dados en adopción en países desarrollados

cobra entre 150 y 700 pesos, expone Elena Azaola en su estudio mencionado.

Las salidas de colegios y parques son también lugares en donde los pederastas actúan y muchas veces, después de algún tiempo de observación y vigilancia de su víctima, recurren al secuestro.

Algunas redes de tráfico de menores captan niños y adolescentes en las discotecas utilizando a otros menores que actúan como ganchos. Normalmente se trata de jóvenes que intentan seducir a una adolescente para después llevarla engañada hacia un automóvil o lugar donde espera el victimario. También pueden utilizar a otra menor amenazándola de muerte o violación.

Un estudio realizado en Costa Rica con 121 niñas, niños y adolescentes prostituidos, muestra que 64% dijo haber presenciado violencia conyugal contra su madre; 62% fue víctima directa de maltrato físico; 62.8% sufrió violencia verbal; 80% reporta abuso sexual antes de los 12 años de edad, mientras que el restante 20% reporta abuso sexual, aunque no necesariamente antes de los 12 años.

PANTOJA

Internet es el medio más novedoso que utilizan los pederastas y que trae de cabeza a los cuerpos policiacos de todo el planeta.

Ellos se introducen en los canales de conversación escrita, o "chats" de Internet, haciéndose pasar por niños o niñas en busca de nuevos amigos. Así averiguan la situación de algunos menores, sus gustos y aficiones, hasta que logran concertar una cita en un cine o cafetería para conocerse mejor.

Otra técnica es el empleo de animales exóticos para atraer a los niños en ferias, parques y demás lugares. Los fotografían con dichos animales para después ofrecérselas a sus padres. Muchos dan sus datos para que les envíen la foto o se la acerquen a casa.

Así, el pederasta puede tener un banco de datos de niños con sus direcciones, teléfonos y fotografías.

Los centros comerciales son también lugares ideales para que el pederasta actúe mientras el padre o la madre busca algún producto en particular; el niño se descuida y el abusador lo toma de la mano diciéndole que lo llevará con su padre. Lo saca del lugar, le cambia la ropa, a veces lo narcotiza y sale del establecimiento sin ningún apuro.

Las formas de llevarse a los niños son muchas y muy sofisticadas. Pero insisto: no son exageradas.

Lo aceptemos o no, las estadísticas señalan que uno de cada tres abusos sexuales se comete en el entorno familiar, por parte del padre, un tío o un abuelo. Debemos cuidar a nuestros hijos de aquellos adultos que se les acercan demasiado y de quienes notamos conductas extrañas.

Si bien no existe un perfil bien definido de este adulto abusador, los cuerpos policiacos internacionales han establecido un retrato de sus características a partir de aquellos que han sido detenidos.

En más de 90% de los casos se trata de varones, 70% supera los 35 años de edad. Suelen ser profesionales bien calificados. Con frecuencia buscan trabajos o actividades que les permitan estar cerca de niños. En 75% de los casos no tienen antecedentes penales. Su nivel de reincidencia es altísimo, aun después de ser descubiertos y condenados. No suelen ser conflictivos en la cárcel y muestran buen comportamiento.

No reconocen los hechos ni asumen su responsabilidad. Normalmente tienen una familia a su cargo, y con frecuencia hijos pequeños.

Nunca dejemos que los sentimientos nos dominen; el bienestar de los niños es la prioridad

En México, una de las modalidades mejor conocidas para robar infantes es hacerse pasar por enfermera y sacar sigilosamente al recién nacido del lugar. En el transcurso del último año la prensa nos ha dado a conocer por lo menos tres casos. Del mismo modo nos ha informado, aunque parezca noticia de nota roja, de casos de menores de dos años de quienes se ha abusado sexualmente. Lamentablemente cada año escuchamos o leemos notas de esta índole. Por si esto no fuera suficiente para sentir vergüenza, dolor y miedo por nuestros hijos, también nos enteramos del elevado número de bandas organizadas que se dedican a la prostitución y a la pornografía infantil en las que están involucrados los propios padres de las víctimas. Internet se ha convertido en uno de los espacios más visitados por dichas organizaciones por lo que, así como no dejaríamos solo a nuestros hijos en el bosque de Chapultepec, tampoco debemos dejarlos navegar solos por la supercarretera de la información.

Los datos de investigaciones internacionales dan cuenta que uno de los principales problemas sociales es el abuso infantil. En éste:

- 95% de los abusadores infantiles fueron abusados durante su niñez.
- 80% de los que usan drogas y alcohol fueron abusados durante su niñez.
- 80% de los niños que se fugan de sus casas citan el abuso como causa.
- 95% de las prostitutas fueron abusadas sexualmente.
- 78% de la población en las prisiones fue también abusada durante su niñez.

Fuente: Fondo Mundial para la Dignidad de Niños y Niñas.

No se trata de prohibirle al menor la entrada a Internet, pero sí de saber cuáles son las páginas que frecuenta, quiénes son sus amigos cibernautas y con quiénes mantiene conversaciones más frecuentes. Aprendamos a prevenir y enseñémosles a nuestros hijos a cuidarse y a confiar en nosotros. Es un regalo que siempre nos van a agradecer.

El abuso infantil vía Internet afecta a todas las clases sociales de todas las regiones del mundo. Los violadores de niños existían antes del surgimiento de la web, pero solían estar aislados y en silencio. Ahora, la Red les permite comunicarse unos con otros. Estados Unidos y varios países de Europa son los principales productores, distribuidores y consumidores de pornografía infantil en el mundo entero. Es posible localizar más de 8 000 sitios dedicados a la pederastia en Internet, que se pueden encontrar con mucha facilidad.

REVISTA DEL SUR

Preguntas

El abuso físico, sexual y emocional son grandes problemas que como padres enfrentamos actualmente. La única salida que tenemos es fomentar en los niños y en nosotros mismos una cultura de la prevención.

1. ¿Sé lo que es el abuso y las secuelas que deja en las personas que fueron abusadas?
2. ¿He hablado con mis hijos, sin inculcarles inseguridad o miedo, de los peligros que hay en la sociedad actual?
3. ¿Conozco a sus amigos y a los familiares de éstos?
4. ¿Mantengo una buena relación con la escuela y en general con el medio social que rodea a mi hijo?
5. Si mi hijo navega frecuentemente en Internet, ¿conozco los lugares que visita?
6. ¿Cuando salgo acompañada de mi hijo tomo suficientes medidas precautorias? Es decir, ¿el niño sabe en dónde reunirnos si llegáramos a perdernos de vista, conoce su dirección y teléfono, entiende que no tiene que irse con nadie y no debe aceptar dulces, regalos o dinero de otro adulto?

Bibliografía

Azaola, Elena, *Infancia robada, niñas y niños víctimas de explotación sexual en México*. DIF-UNICEF-CIESAS, México, 2000.

Corkille, Dorothy, *El niño feliz*. Editorial Gedisa, 15a. reimp., México, 1991.

Hijar, Martha; Lozano, Rafael y otros, "Accidentes en el hogar en niños menores de 10 años. Causas y consecuencias". Revista *Salud Pública*, vol. 34, núm. 6, noviembre-diciembre de 1992.

Ramírez, Angélica, "Acerca del desarrollo psicosexual". Revista *Aprendamos juntos*, año 1, núm. 2, México, septiembre-octubre de 1998.

Rodríguez, Bertha Mary y Padilla de Trainer, Ma. Teresa, *Mediación en el divorcio: una alternativa para evitar las confrontaciones*. Escuela Nacional de Trabajo Social de la UNAM, México, 2000.

Rubio, José, *Narcisismo y carácter*. Instituto Mexicano de Psicoanálisis, Anuario, 1985.

Schwartz, Pepper y Capello, Dominic, *10 charlas que los padres deben tener con sus hijos sobre carácter y sexo*. Editorial Norma, 1a. ed., Colombia, 2001.

UNICEF, *UNICEF Innocenti Report Card*, www.unicefinnocenti.com.

Wallerstein, Judith, *The unexpected legacy of divorce*. Hyperion Publisher, Estados Unidos, septiembre de 2001.